Frisian Word Search Puzzles
Fryske Wurdsikers

LearnFrisian

Made by: The Frisian World
Makke troch: De Fryske Wrâld

www.learnfrisian.com

Foreword
Foarwurd

First of all, thank you for buying this Frisian book. Learning about Frisian definitely helps the language survive. The puzzles in the book are quite easy to do. You can find the words backwards, sideways, vertical and in a horizontal way.

Good luck!
Folle lok!

```
S N U D U K S L D Q B A I I Q
P H Z N L A T F M J C V G Y D
L J C N F V V P K G P F E A R
E C G K E C T H S E H Y V C D
D G D J A I G S W R I C T V E
Z J J M R R F I D S Q A Û V I
O Y S Y N H P E O M Z T A L B
S N Â L S Y W D H A H S T M S
V C D X J J N R Z S A J S M B
O W T T I Y V E O I Y Û A I L
J E S R E V V O S N P G O W O
J K J O R Z V Q M E C E R S M
N K I A S N T U K G J X F G K
D E L N Z Z N B E F E T S J E
H R T E V H F G F F T F T B J
```

Gersmasine	Lawnmower	Troan	Throne
Lym	Glue	Yslân	Iceland
Maaie	Spring	Swim	Swim (to)
Slûch	Sleepy	Befetsje	Contain (to)
Oerdeis	During the day	Fearnsjier	Quarter of a year
Blomke	Little flower	Wekker	Awake
Tsjûge	Witness	Tsjil	Wheel
Froast	Frost		

```
D N A N A E T S R E J W N I D
I U C A T J S E A G E F O R Y
R Q H W A N D Y W B S E H K H
G A T V P N F N M I I R K V K
B S E B E B S S B S H S F P A
E B N F R Û W T B Y Z I E V R
W T F X S S T E A A W K R C E
U Y Y B I L Y E D H C E B D K
I Z F E N A W P B R R E X N
R S T N T M F P O L P I T E O
D D I I A P F G F R U N T J B
R P C J A E K O Y T B G E U U
E M H D Z Y N S D I I T R A E
O H R A J K N Z F I J B J H L
S X H D E E N I B R E F E A E
```

Fersikering	Insurance
Ynstee	Instead
Bûslampe	Flashlight/Torch
Seage	Saw
Ferbetterje	Improve (to)
Aanst	Later
Bonkerak	Skeleton
Eartiids	Past
Wjerstean	Resist (to)
Fear	Feather
Achtenfyftich	58
Ferbine	Connect/Link (to)
Oerdriuwe	Exaggerate (to)
Benijd	Curious
Persintaazje	Percentage

```
N H H E Z T Z H G N C U N S I R B
D O X H B K C F C D F Y T B E R T
F E R S M O A R G J E H W Y X M E
B R K N Y H W O G U K R K K R E R
K H C I T T I J M T S N U E K Y F
X N K N O E J R A E L K R E F Z P
E J N Y T N E G R A L X O S F U E
V X R S A E L N I E O K I S K E M
F J O U W E R E N S E C H T I C H
S E N O E R B L I U W S E L T D I
X E H D G L B O Q W T A E T X W Q
H Y S E Y I X B L M E N N I P Ê E
E J H N X Z A V W U R K J E W S H
M S V E J R A E L A K S E J J T Y
S R S I Z Z E L B C E A V K L E Y
M T K C U H A K U U M P P Y R B K
O T H W S I Y J A E J Z I I T E B
```

Meksiko	Mexico	Sizze	Say (to)
Pinne	Pen	Wurkje	Work (to)
Dwêste	Extinguish (to)	Keunstmjittich	Artificially
Oerbliuwsel	Remains	Eskalearje	Escalate (to)
Ferklearje	Explain (to)	Betiizje	Confuse (to)
Einleas	Endless	Argentynje	Argentina
Ytber	Eatable	Fjouwerensechtich	64
Fersmoargje	Pollute (to)		

```
U F E R N E A M D B D N M P U Q U
I E W L A E H W V F G J X E J T O
S T E G E R Y T E M N O J W R B H
R Z B K T A V B Q C N G S E Y L Y
G T E J L E S K A R W G T N T D N
Q J S Z M X B A J O P E Z Â T J Z
Y F L R A N E I C S Û N Y R I A A
Q Z E E A I A Q F N Y E D B E D L
K M H R D O N O D Q C N A R J X L
E M L R L X T E H A Y F W E G E E
G P J E V Y R E F B N Y Z F R N G
E K Y G M W K G Z T Q F Q S A I E
Z Y T F I E S B L S N T I J B C A
A T O I V V P B E Y P I S C E L R
I S S L J I T T E R R C L K A U F
G D Â E E J G L A E B H B O K W E
F R A T S S K O U D E R F R U J A
```

Allegear	All/Everyone
Bealgje	Work hard (to)
Jitter	Watering can
Ferlykber	Comparable
Healwei	Halfway
Âlve	11
Toarst	Thirsty
Skouder	Shoulder
Bargje	Spill (to)
Njoggenenfyftich	59
Wrakselje	Wrestle (to)
Ferbrâne	Burn (to)
Ûnderwiis	Education
Ferneamd	Famous
Steger	Scaffold

```
E K Y R K N I N E K X R Q K I
I N T R R H I L S J H G J Z T
E L N O U G C H O H C T V X J
E J S A A W E G R A I U I T C
C D V Z L E G N A N T G Z W Z
I V R Ô B A R E O R N I E R B
G B E C D S G E Y I A W F F X
E G J E J R T G P S S T Z Q Q
L Y N L E F E P V C N H N R N
I I I M E Y I F V E E C G E T
K F J J L J N G Q P F I G B V
E G S Y D E D S E R I W X K V
N T T R C Z U K Q S I K V Y A
S X E F H C R U W H F Y M L G
O F B E N Û W Y H G D L Y B V
```

Betsjinje	Operate (to)	Ferdôvje	Deafen (to)
Tsjefte	Theft	Wûne	Wound
Wurch	Tired	Ferdjipping	Floor/Story
Breinroer	Furious	Keninkryk	Kingdom
Fiifensantich	75	Guon	Some
Lykwicht	Balance	Blykber	Apparently
Argewaasje	Annoyance (to)	Angel	Fishing rod
Gelikens	Equality		

```
W E S V N T A P G Y O G M F E E B
T L E W J P B O H N R H D G J Z O
G Q H Y O S Z B C S E F M N R J L
Y V L C N Q I Q I T O E Û T A F L
W P F J K V N S T O M R K R E U E
H J K P E Â L G N A F M S P S O D
B W L U L C H Z E R I O P H N R D
L X P S Y U D R G T I A T C E T A
J R T M T X B T G E L R G R V G N
B Ú S Y S X W N O D V D G A A E V
D H I Y E D Z N J E E Z D A U A P
B R J L N E E L N R E J T B B N I
H E M C C A E H N S T E S U F A A
M M C S K P R B E T Q Z A A F E J
R I P E E L N Q A C X O D R V B X
C K N C N A C R W Y G X K Z F T S
A S B C C K M L T N M D A O V J O
```

Twaennjoggentich	92
Avensearje	Hurry up
Fuortgean	Leave (to)
Bean	Bean
Liifmoer	Womb
Neaken	Naked
Deaplak	Mole
Bolle	Bull
Ynstoarte	Collapse
Fermoardzje	Murder (to)
Skûm	Foam
Njonkelytsen	Slowly
Dútslân	Germany
Baarch	Pig
Skimer	Dusk

```
O D Z X R B D R K H A N N E L
Y F N I U F E R L I N E L L V
V V H K W F V F T A W Â L E U
X V C W Q X U N E T N W R O T
D J I W D A U G J R T O W D Q
L U T D X S K O N K Z Â Q V E
Â V N F A S P B A L L E P N Y
D A E L T A O P V D T U N H A
N D G E A N Y B S K N E V A Q
O P G W L L B G I S K Û L J E
R Y O G C R L V Y R X R H V I
I Y J C P I G X E X H D V G S
P C N Z I Z W W U Y I O T W A
H G E F Q C L A A N O J S A N
K B A R K S K S V L Z B N E E
```

Balle	Ball	Âld	Old
Ferline	Past/Last/Previous	Werkenne	Recognize (to)
Njoggentich	90	Liif	Body
Wâld	Woods	Skûlje	Hide (to)
Hannel	Trading	Poatlead	Pencil
Nâle	Belly button	Beferzen	Frozen
Gean	Go	Skonk	Leg
Nasjonaal	National		

```
A O W G A X D K R T R E Q Y H
M R T C B B Q P A K E G H O Z
L U T G Û L B E K V G Z A R M
Y K W O A R T E L C G A Q O I
B E R N E W E I N T O N H O H
J M W U Q L F S U T J A E E Y
E P I K S N O E R F S D J S E
E G G C B G M I W J R L L B J
J A N N U L E A R J E E E B K
L R Z P C D S O E F I M K N Y
E V I P W K B H F B F R A O L
H U L O O C H O V R X Q E S R
R F G T E J R A D E B M K E E
E F S R U T S G E N I P S G F
W K O K S D L R C H C N Z M C
```

Beam	Tree	Ferlykje	Compare (to)
Stroffelje	Trip (to)	Woartel	Carrot
Werhelje	Repeat (to)	Bernewein	Stroller
Freonskip	Friendship	Gûlbek	Crybaby
Bedarje	Calm down (to)	Skotsk	Scottish
Fiersjogger	Binoculars	Tried	Wire
Pine	Pain	Annulearje	Cancel (to)
Skeakelje	Switch on (to)		

```
W D L Q M Z A M V H F O H J G
A E N A E G E B K B X I C D U
C I A D K E R P J B E R I K V
H L E C J K L V S B L M R N L
T J H Y M R X T S E X P A Z D
E O G F E A U P J F X T E P V
N C D J H O Y Z H I L W N D W
F H I R L F D X A N U C K Z V
J T Y L A A L U Y E I N N D G
I Y E Q E E W Y E F I L I U W
R N U D V H H E V J E C H U Y
T E D L Â R W R S D Z S K Q I
I D S M S P Y T E J M O P V X
C O U R E J K E W F E R S Z I
H F E R S T E A N M N E A E S
```

Deiljocht — *Daylight*

Ferstean — *Understand*

Wekje — *Soak (to)*

Befine — *Be somewhere*

Stuollen — *Chairs*

Begean — *Commit (to)*

Deadzje — *Kill (to)*

Nea — *Never*

Nearich — *Crowded*

Achtenfjirtich — *48*

Liuw — *Lion*

Tsjin — *Against*

Heafoarke — *Pitchfork*

Ferheard — *Amazed*

Wrâld — *World*

```
L T C Z B Û T E N L A N N E R
E I E W R A O N Q L B H D S M
R E A R M T A K K E E C H Y M
D Z D O R C M I A A R I L S P
K I L K A A I E X T C T I S K
E I O U M E B C T X H N A O J
Z X I R H U G E G W E A I N N
M K I I S N I E W F R S E B I
E L L O F A S J F C W N W J M
F E R M I N D E R J E E U T E
C F J Y Z P J Q U E Z T I V I
V K L O U R B K P G J H R F R
G A F A E H U P N D K C D B T
Z X Q F X X T B X M E A R A S
H C I T N I E W T N E N A S U
```

Sanentweintich	27		Ferminderje	Reduce (to)
Bûtenlanner	Foreigner		Aaklik	Awful
Wjuk	Wing		Weinsiik	Car sick
Striemin	Really bad		Safolle	So much
Driuwe	Float (to)		Achtensantich	78
Berch	Mountain		Earmtakke	Elbow
Ferjeffenis	Forgiveness		Noarwei	Norway
Bemuoie	Interfere in			

```
L  P  F  V  M  Y  Q  U  Û  J  J  Q  Y  G  D
W  Z  H  S  A  R  S  K  N  Q  T  Q  C  N  P
G  C  C  E  N  L  D  P  D  D  K  I  C  I  H
V  V  I  J  L  E  X  J  E  U  I  A  Z  D  L
A  D  T  R  J  E  E  K  R  E  J  S  T  D  P
D  N  N  E  U  N  A  U  N  C  R  I  A  O  E
O  J  I  D  Q  I  K  M  I  N  Q  B  A  K  C
E  R  E  R  Z  J  E  S  M  P  X  B  S  S  A
J  E  W  A  Z  Z  P  A  M  E  E  N  T  N  Z
Z  L  T  O  I  I  P  C  E  D  Â  I  O  E  F
D  E  N  F  V  R  E  B  J  L  D  O  P  S  A
L  M  E  E  B  O  B  E  L  K  W  U  J  R  R
U  A  N  B  G  A  R  O  V  S  K  K  E  A  W
D  E  E  T  W  R  H  H  Z  S  L  L  V  H  O
Z  N  I  Y  E  N  W  E  S  T  L  I  K  T  L
```

Ienentweintich	21	Stopje	Stop (to)
Beppe	Grandma	Bedjerre	Go bad
Duldzje	Tolerate (to)	Westlik	Western
Hollânsk	Dutch	Eameler	Ant
Manlju	Men	Befoarderje	Promote (to)
Ûndernimme	Undertake (to)	Farwol	Farewell
Tsjerke	Church	Orizjineel	Original
Harsenskodding	Concussion		

```
L E Z D I R D J H A I S M H M
H C I T H C E S N E T H C A L
Y K U A N A E M A G Y S K W G
O I K B K L E A S T E R D L E
C W I W W Y Û N D E R G R Û N
E S T R J I T T E N E M E V I
M A T B B G N O F X J X J H S
M D V R F E M I H O P V Z W A
A V S E I C R O L L A N A K M
N F V O N I Y N O T E X K W N
R D O A H T D Z S L K V L J A
E N S S B K O S K B R M T I E
T Y P H H L J E I N E I T R L
F B F U O R J E R L F R T M F
E Q I V D I E D S R E G N O T
```

Bernsbern	Grandchildren	Wjirm	Worm
Kleaster	Monastery	Fuorje	Feed (to)
Efternamme	Last name	Achtensechtich	68
Ûndergrûn	Underground	Striid	Battle
Fleanmasine	Airplane	Dridze	Wet earth
Strjitte	Street	Ferkeapje	Sell (to)
Tongersdei	Thursday	Aventoer	Adventure
Magysk	Magical		

Fryske wurd	Oersetting
Allinnich	Alone
Ferfyskje	Renew (to)
Njoggen	9
Besoargje	Deliver (to)
Fjouwerentweintich	24
Efter	Behind
Skerp	Sharp
Grieme	Spill (to)
Bedriuw	Company
Skuorre	Barn
Woastyn	Desert
Diskusje	Discussion
Húshâlding	Household
Wolle	Want (to)
Badkeamer	Bathroom

```
D A X J R T E J V S P E U P L Y
X R G G P H E J R E V U N R E F
R E I I Y C Y H K I M A W V S Q
T A A V P I M B B S I N P L K V
Q R S J I T T E L E B M V L N F
N R T P S N L R R N Y C A W I S
Â E R N T I H N E T B Y P T T B
L B Û Â O E W I D R F E Y D E H
E A K T A W G C R I Z L T I B U
G R E S L T Z H A T S S W I M Q
N R N A N N X F O I M N B E I S
I E G T R E H P H C H S I I X D
A Z X D Z T H H C H O R P O B I
S U O E J H V I L L T M H U G Y
U F T E I C V X O S D C R B I W
L Y P N J A G X F E J R O U D E
```

Folchoarder	Ranking	Strie	Straw
Needtastân	Emergency	Ingelân	England
Betiid	Early	Seisentritich	36
Achtentweintich	28	Duorje	Endure (to)
Earrebarre	Stork	Bernich	Childish
Betinksel	Invention	Strûken	Bushes
Pistoal	Pistol	Fernuverje	Wonder (to)
Spuie	Throw up (to)		

```
T F V F X B K Y H H S D O E G B
N H N X P H B V H N V R F E U M
E C L B I O V A W B W K A L P E
I I O B W V S S M Z Y N M E U K
M T P X M H K O Q E P Q B A D N
E H B E T T E R S K I P H N L I
G C Z W O U A A U X K Y E G Â R
L E S U D O D E Q B S Y F S W D
A S F R L U Z K Q X N U X T E R
D A L D F L J S R Z Â Y D I B E
Q Y U B O G E C R E L B K C V F
D Y I O X N Â L N E I R G H L V
V T K E J U Q X G J Q F G S V Y
R E K K I R K S R E F L E G Û F
I E N E B E W N D H C B E T M G
C Y A E J S A A D E V I D R E F
```

Betterskip	Get well soon	Benei	Almost
Eangstich	Anxious	Ferdivedaasje	Entertainment
Bewâld	In power	Sechtich	60
Wurdboek	Wordbook	Plak	Place
Skeadzje	Damage (to)	Ferdrinke	Drown (to)
Fûgelferskrikker	Scarecrow	Grienlân	Greenland
Algemien	General	Lânskip	Landscape
Skear	Shear/Shave (to)		

```
N G X X M U Z I D A Y M W Y K L
N E L K F D Y Q X D A Y D C N L
O E D W B V T B N L Y P N T Â F
G N I D E I K S U O R I A O L K
H W V K I Q G F L T A Z X P E W
U Y T G O M C X V W X N S T K Y
T P H X E I L Â N A O C S F I V
E Y C T F D T H L E W Ê U G R S
E Z A I B U H J K N B L T F G A
O U H T R Z W N U S K K I W V H
T M R E K S I N X A D R E A M K
T S O F D T O Z A N E K O L Z S
Q W J C R W X N O T F A D F P I
Z I F E D T N I M I R E P S K E
T I F G A P P I B C T T L X F D
H X U O X K G K Q H Y F Q I R K
```

Skerm	Screen	Eksperimint	Experiment
Fertinke	Suspect (to)	Dream	Dream
Skieding	Divorce	Twaensantich	72
Deisk	Daily	Eilân	Island
Acht	Eight	Fulkaan	Vulcano
Loai	Lazy	Midden	Middle
Tsjeak	Jaw	Grikelân	Greece
Bêst	Best		

```
T R I E D S E L I V N S Y K O A
M Y P S K Y N B E R E J X W D S
N D N L E Y L S U E D D E R T R
J D I V Z J V W Q M F Z T I W E
O V R E O E R S E T T I N G T N
N T X P O D D E S T U O L L E N
K H B U R Y I S S D D K O V Z E
E C R U D S Z P B P W S M V B W
N O O I H F E R K I E Z I N G N
Z J I A U Q K U I L P F G T Q Y
V L N L R Q D E O L B N G T L F
B H C I R E D D O U L B M M V C
T W A E N T W E I N T I C H U Y
F U O R T H E L J E C I I C M N
D V Z E Z H C K N L R C Z S W G
A G I C G J Z G T Q E O U I X N
```

Skynber	Apparently	Fuorthelje	Remove (to)
Oare	Other	Oersetting	Translation
Bliid	Happy/Blithe	Njonken	Next to
Ferkiezing	Election	Ljocht	Light
Bloed	Blood	Poddestuollen	Mushrooms
Twaentweintich	22	Tredde	Third
Ynwenner	Resident	Riedsel	Riddle
Bluodderich	Bloody		

```
F I J O U Q M E M M E T A A L E
G L Z E P Y O H G I S F Z V W J
H A Q K R C U P A D I A C D P S
Z C L U V H Q N L A D R K V L K
K K I L D R U W T N A R E F R U
Q Z S T E X Q C W C V E U B E R
E S I R H L R W E L P K Z K D T
T L J O F C Z E K W D Y F I N S
L H U U S S A A K J J I I T E N
O S C F K K V T Z K E U R U I Y
H X K U H A R F N D E I S Q T O
S X L B U A P O R E J N J V S X
M P A B D V T E N E S Y J P K X
R H M Z K K T B P F W I S E I F
A I E L O A D S W A E Z E T L X
E H W A S N S G C X I L L S B X
```

Ynstruksje	Instruction		Alle	Everything
Skronfel	Wrinkle		Farre	Sail (to)
Fuort	Away/Gone		Rekkenje	Calculate (to)
Loads	Warehouse		Ferantwurdlik	Responsible
Skulp	Shell		Memmetaal	Mother tongue
Blikstiender	Holy shit		Seisentachtich	86
Trije	Three		Earmsholte	Armpit
Saterdei	Saturday			

```
J C B E Q G S L E G F I I B W Z B G
U Z V L H R W F O L W O E K S E N G
B Y G Z U F P G J J K A I V E P H U
F F A J W X D Z K P R V S Q I R M E
D I H M I M M T K S E R E K S R E F
R Q Q C N R S G X J Y M J I E T W Q
E U B H H I R B G B F T D Q N D I Z
O Z Q G L W U I M R M I A I N E R A
B T R M J F T N C C T K L M J G C F
D C A E M S W W G H T Z I F O V Z D
F A L J Ê B S P B S L E A T G T P J
I X L F E K K O L F E G B R G L U W
Q A E T T I J H U A F S Q K E E B A
N B R K F X T G M M J O A B N L D J
C B G B T B H E H T X C O D T Ô U K
E A Y O Z Y L J A W I M H B I B V A
B Y S M A J S H B U F Y Q P C E P R
C S K Y E R K F Z N H R R S H R A R
```

Sleat	Ditch	Allergysk	Allergic
List	List	Flokke	Curse (to)
Bear	Bear	Bôle	Bread
Folwoeksen	Grown up	Gjirrich	Greedy
Seisennjoggentich	96	Befêstigje	Confirm (to)
Boerd	Sign	Hjitte	Heat
Ferske	Song	Eamelje	Complain (to)
Automatysk	Automatically		

```
M B C H Y G V T A W S J R K W G M K
K X V O A W U P S X L A S S V H N B
H U I M H H O E B I O M K O P B K N
B A S C S D M I J F E N H Y D R Q J
U E P V Û O G I K G J N I R L U N M
V R M J H D P O U X E K M K U W O D
P Q B X E H H X E B W W Z N Z A N B
L C V M K M Y P E T F Q I A I E A L
I M G P I B O W C Z M T X C V K A H
D N K A S T I R O D R Z X G H I L C
R B P H O I G B O N K E Y X A T X M
Y P L L S M F M E G N A F R E F E V
S N L M O U Z L D M G M Z R U M F S
Â V U A I F O C K G M K N D I J E Y
N Q G U N A T S P C N D M D Y T L A
X A B R F T J S U V T U F F G X O R
B D H C I T N A S N E S I E S X Q B
A Y C Z M Q C K Y Q L Q U X G P W Q
```

Bonke	Bone	Hokfoar	What for
Moai	Beautiful	Altyd	Always
Seisensantich	76	Lykas	Like
Ferfange	Replace (to)	Plant	Plant
Sikehûs	Hospital	Bewiis	Proof
Neist	Next to	Sop	Juice
Lofts	Left	Sân	Sand
Gewicht	Weight		

```
C V K I D A V T S Z J N O T R Z Z O
R Q Z Q U O A K L T V M I I X C F K
J S C D E M I R U N S A A C Y S W R
J A Q W J N Y O M M A U A C E M K Z
V M M E K N E F J S O O W I F B M V
R H O R R G G F T Q K K S E O U W P
P B T C U N S H S I B E L R B N M E
R D G H W A S C A A N F A O E E D O
D R Z W R G H U E F G R O L W P C Z
W U E N A M O O J V A B P P I U E K
Z H P S E L F I A Q A D V G I K J S
D Ê B O G T R R H A D R E M I U R R
A L P B I T T N N H A Y E H W U A A
L B K M I V X E F H M C C Q G Y W O
X I P C Q T L C G T A W E D Z J E N
B Q H L R O O U M R E E W E D S B A
W E I Z Q R B T L D E F V F U L G E
F Y K G N N Q C V F B F B D R Y Q Y
```

Dwerch	Dwarf	Wolkom	Welcome
Seisenfjirtich	46	Bêd	Bed
Gearwurkje	Work together (to)	East	East
Skealik	Harmful	Bewarje	Keep (to)
Hurd	Hearth	Noarsk	Norwegian
Aai	Egg	Wedzje	Bet (to)
Fergetten	Forgotten	Bewust	Aware
Persoan	Person		

```
H G N S X B R X J A G W R B S F A
Q H Z T T J Q E P P O B V W X Z A
E H B E F E I L I G I N G N K O X
O F R X E Ê M H F A N T A S T Y K
T C L Y J K S E I U Y H R A D J I
S N Q O T X F Q T E E O F E D C S
R E K Û S A S W R L L F Y A P W B
P H C O D W K L E W A T K K T P A
H H F P H B I B U Z Y S Y X C J E
Z H R I H S K N W Q G Z P D K G I
L J I I E V J W B O Q A P O A D I
L V R P J R A P A W F D M M G M T
I G G Z X P T T R Y U W V Y L K K
E J Q E X S E R E S Û B E F S A Z
M Q S E I S E N F Y F T I C H Y P
Y P G B P S G N Z O I Q K V Y F D
N F C Q O N W X T G S H Z Z V S J
```

Piip	Pipe
Sûker	Sugar
Doch	Do
Mage	Stomach
Altemets	Sometimes
Bûse	Pocket
Seisenfyftich	56
Hieltyd	All the time
Daksgoate	Gutter
Bist	Animal
Sêft	Soft
Fantastyk	Fantastical
Boppe	Above
Treppe	Stairs
Befeiliging	Security

```
H J K J T M M H A V V B B A S Q K
G G C Z M Y Z A H G A A B T F Q O
W K D J L T B L E L O B S Û P N R
C T G X K N R R K C E E W P T F D
M V N N R I R L Y L C J V Y A E D
B P I P F B D I E H K K B R T P R
J R K I L A H A T X S O Y U V V D
J E R I M D R J G J H J A R O Y C
H I U C F J I S C E K T S S J L U
E L W A E N H J N G J A E I I J G
A B Y K T T F P C O G O E E J S R
R J B F E R G E M E Q L H S E P N
S T F P B O X S X D C I Û C P I H
T A R D E A Y N L K C P N Q H W E
H Ú S B I S T P E E P C Y A V S J
U N V P P D F C F A X H Z P O F W
P M Q X F U V O Q P W S O E H J S
```

Seis	6	Drok	Busy
Bûter	Butter	Abbelearje	Contradict (to)
Sechtjin	16	Blier	Blister
Bywurking	Side effect	Goedkeap	Cheap
Dage	Dawn	Húsbist	Pet
Fergeme	Damn it	Piloat	Pilot
Seehûn	Seal	Jokje	Itch (to)
Dea	Dead		

```
E V D O L F Y N A N G A C Q R K E
U N Y S T A V E R I N G V R O C D
B E Q B R R V H E E W M W D Z R Y
Q J P L Y S J E T E K Y T C D W X
O R E D Z T P P S Q H S Y L E F H
K A U H C I D R A A A Z J Z L S Q
M T M D K G Q E M N W V E F J Z W
N R F R F E R F E T S J E U A A M
J E D M H K W N G E J V K K A O D
H F K K O E F O R I L W R T N K E
M Y W F A Y S D A H C C C N P B A
M F M Y F W Z D O M P W M Q B B F
N Q F T Z C Y B B L X P A B I T E
F O I Y M L X L S T Ú D Z J E Y T
N C Y E K N I T I E N E M A S K E
H N E O U L Û D S P R E K K E R F
V X O Y M B Z D R G L Y T S P W Z
```

Deafet	Coffin	Neitinke	To think about
Stavering	Spelling	Ferfetsje	Resume (to)
Plysje	Police	Lûdsprekker	Loudspeaker
Aardich	Nice/Kind	Sanenfyftich	57
Fertarje	Digest (to)	Dolfyn	Dolphin
Deljaan	Lay down (to)	Boargemaster	Mayor
Bite	Bite (to)	Eksamen	Exam
Stúdzje	Study		

```
P E E Z V E I L M F E R F I E R H
E K K E Y S A L F H A L T V X L F
J A T P H V S T J Q Q E H Y Z B E
N P L W R L P E J O L I C S L M R
E R I K P F E H X G X T E A U Q H
W E Z F L M A V G D J S S N X H A
G O B E R N R F I P N A P E G A A
Y V T P J N S G Q A M K E N J A L
N D J E Z S E D O M N Z I S C G V
Y F E I Y R X F E B C R U A P H J
U Q X E J J O L C R E M H N A N R
X Z N E W R J S B V U J O T E E H
A G Y M K E Q P E Z P D L I X V T
B I E I D P D L K J M M X C A Q M
H C M H H I F I F L G L T H D W A
M G V G Z Ô U T U M J Y I E G M R
H U A E Q R C E G C I D A B L Y N
```

Mikrofoan	Microphone	Blyn	Blind
Wenje	Live somewhere (to)	Ferhaal	Story/Tale
Ferfier	Transport	Kastiel	Castle
Oerpake	Great-grandpa	Sanensantich	77
Digerje	Stare (to)	Ôflevering	Episode
Splite	Split/Cleave (to)	Bern	Child
Sammelje	Collect (to)	Pears	Purple
Dize	Fog		

```
S R C P P N K S U U U P N A G F Y
E F X N C H E K C F E R F O L J E
U V C S P I G E I T D F P R Y G H
E N B O L E B P U J O R Y K Q W R
Z S F D E D N P Y G F O F I Y B J
Q E H B S N G E T N A V V L Y H H
V E H C T A D A M I F F P A U R C
O G R Q I O R E D I R T S D L Â B
H R I J K M M J T I C S T N E D E
F E J I N S F Ô D D E I Y E S I R
C F N Û R G R E T F E W W T O N J
E R I F C S H I G X K X I R R G O
Z U R Y Z D J E F Q O V A O G N C
D N S M D R Y M C B O F A U Y D H
Y Y F Q B N G I V I F S Y F Q B T
H C I T N E G G O J N N E N A S C
H T N F X B P L E B I B I L Y F N
```

Eftergrûn	Background	Ôfsnije	Cut off
Ferfolje	Fulfill (to)	Aaiwyt	Protein
Bibel	Bible	Ding	Thing
Moandei	Monday	Plestik	Plastic
Fergees	For free	Skeppe	Create (to)
Âldstrider	Veteran	Berjocht	Message
Dei	Day	Fuortendalik	Immediately
Sanennjoggentich	97		

```
X T P M Z L O D R A A K O Z M B I
X E A F E R G E A N O C M M H Y F
E J H P B B E R L T Y K O O C Y Q
V X Z P Y V G P L L V D Y C I S H
D B J L T J R N P M U F K I T E S
Q I P Y I T E P B R T N G S R T M
E T E K N I R D L O A E M P I T J
C T X L A Y L S C C A X K N J R I
O A H Q E I S G G K B I R O F U T
N X Y E J K T S I N G P E U N T T
Q N R R R O A T O D G W Q M E S E
U Z A I E B O N X R Ô I T O N K Y
K P E E T G I M A G X F G Z A O K
S M V Q S A B G M Z A K H E S D Y
E R E B Ú Z R E T H C O D K Y V O
S D O Z L F R K T A Z T O U L D Z
E G V U D G R M L N C V N R N N Z
```

Boaiem	Bottom	Mjitte	Measure (to)
Dôf	Deaf	Ark	Tools
Lústerje	Listen (to)	Sparjild	Savings
Draak	Dragon	Dyn	Your
Sanenfjirtich	47	Sturt	Tail
Nulle	Needle	Fergean	Perish (to)
Skrieme	Cry (to)	Dochter	Daughter
Drinke	Drink (to)		

```
Q Y R N E K H Y N D E R X K V R C
Z O T B J E R M E X B B H F F W A
L D P C Z O S Q H W S R P X R Q V
P E N Z D P G S F Z E P M C H E N
G W I I J N B G N P M K F W R R P
N D H U J H R S E D I S D Ê L B X
I Y N N A S U B D N D K H M W I I
K O T R U R G D U X T R W U S O M
N U V F F M B J S T V J Ô Z F E O
I J B E B F B H I T Y F I C Q J R
T Q P E J Z E J C R B X L N H L E
E R A C B K A R L A R V M E E E W
B T O O Y I S R G G E I G Q B T N
L Y M L P R C A D O H S C X F E R
S D U T O S F R O N E J B H K B H
V F R R Z C A L C B D D F C S A V
P C F T T S X I W U O E J Y B Z V
```

Drôch	Delusion/Mirage	Njoggentjin	19
Betinking	Memorial	Blêdside	Page
Nijsgjirrich	Interesting/Curious	Werom	Back
Lyk	Even	Boaskje	Marry (to)
See	Sea	Dizze	This
Betelje	Pay (to)	Hynder	Horse
Eachbrau	Eyebrow	Suden	Southern
Fergoed	Forever		

```
F Y T A G E N C A K G Q A K X T X
N P O N R L K Y D Y O N L T N L A
E V I Z Y P M P N Z V N Q R F C O
I W Q E S H N D Q U E S P Z H E M
N T P H D K F Z L M U K S T Ú D X
E J Z N F R I H C S N A E G P A C
S P J T G G E V M L W N S R E A D
T T U V X L E I N H T H C I Z Û D
L Q N V R H L U J R U P O R E B A
E V Â I W L U P I I K R J U Z U H
A I L F E R S T E U R E D D C Q Y
O O T E J P I J D R E F C F F J I
A A O L A C M A Y E D A L E K Û S
H A K G H O F J L U J A E V L J X
J S S J E L R L V O K J U O Y J T
H C S C V C D E L E S W D Z H A R
Z S H K G E L O E G D O K T K M E
```

Skotlân	Scotland		Duvel	Devil
Muzyk	Music		Eltsenien	Everyone
Sûkelade	Chocolade		Ferdjipje	Think deeply (to)
Hurd	Hard		Berop	Profession
Dútsk	German		Dyk	Dike/Road
Fersteure	Disturb (to)		Achtentritich	38
Negatyf	Negative		Jierdei	Birthday
Dûzich	Dizzy			

```
I P H M S T G H E Z M T V H B W S
N A U N B Y P Q P F P Y O E E K Z
E J S T I E M R E F Y W X C W I N
T M Y Z L R A C E D Z G X C Z P M
S N I Z A A R E N B K V Q B X E E
O D Q U T O E I O E D H A Q J X G
K I X S E P J A J U G W C S O F I
S N K Z Y S K Z S E X A D E N T R
R X M S K M I P P B E Ê E E E F K
E G O N Z G R G R T L F F Q G R C
O E J P Y T S J Q B N F T J J Ô D
J W O W W J B C H L E M P Q J E B
T H C I W R E O V N P H N E I B F
S T D X B K G V S H D Q O D K U P
R N X Z G E L E C A E H S Y O G M
E X M R Z A I V Q E A I O J R N A
F T I W Û N D E R T M E Z J Z A D
```

Misdied	Crime		Fermeitsje	Amuse (to)
Oerwicht	Overweight		Neffens	According
Stypje	Support (to)		Bôge	Bow
Blêdsje	Little leaf		Praatsk	Talkative
Dreech	Difficult/Slow		Wûnder	Wonder/Miracle
Rikje	Smoke (to)		Spoar	Trail
Eagen	Eyes		Krige	Get (to)
Ferstjoerskosten	Shipping cost			

```
A V R Z Y A D V E R T I N S J E N
I F X L I C J O J K G X P R L Ú I
C Y V C G J Z B I F B T F N T B E
J H M L K G R T R H M W T S O R J
M A Ê Û T B E A B U Z A J U R P L
N D P J T N N U U G O E Y A F E Y
W S J C S K T R H B S N O A U R B
U R O I R C S I X M V T A E X G O
G Q E Y Q H G K O X S A O A K G R
X D K K E N A A P N T C Y R P E I
E Z V T Z Z R D A Y J H J W R J E
M E A N G S T O X H N T C E E A J
E K S C O G G K T U C I D W C W L
E X W S R X C X T F K C B M Z M Y
N P P G S Ê U T V B N H K W Y L P
U T H U E O S B T E N R E B K U S
O I M H Z D S T J O D Z F X S F X
```

Eangst	*Fear*	Spûk	*Spoo*
Boat	*Boat*	Nútsjesmoar	*Peanut butter*
Ear	*Ear*	Spylje	*Play (to)*
Frankryk	*France*	Advertinsje	*Advertisement*
Bylje	*Bark (to)*	Berne	*Born*
Twaentachtich	*82*	Rêst	*Rest*
Glêd	*Slippery*	Itensiede	*Cook food (to)*
Oanstoarre	*Stare at (to)*		

```
T O P R H X P X B C J S P W K E X
B T Y E Ú R V E O E Z K D E Z H A
J C D L S I Z W A Y A U B A S Q C
J X Y Z W I W E R Z F L O P T R X
M U N O A S T F N T L D R L E M Q
R N D P R B X F E O P I V N A B Z
H D P I J E U B F L N C C Y N G T
D Y Z R E R R P E G O H N O L Q P
E U P D I C G H E Q O P H U R C O
D Y Y N K H E A U G U X O W O I S
D M Y I T T O E F V C R O N Z T I
I Z F E S K P N J Z J F B R L F T
R R T R R G P R Q E A E X A N X Y
B O A D S K I P P E N M U E P A F
I E F I N S T E R F E U R S B E M
I N I F E R H Û G J E S J V E H X
B X X R N A C H T M E R J E B J A
```

IIsberch	Iceberg
Finster	Window
Earstehelpdoaze	First aid kit
Nachtmerje	Nightmare
Gluorje	Peek (to)
Reindrip	Raindrop
Skuldich	Guilty
Posityf	Positive
Boadskippen	Groceries
Earn	Eagle
Húswarje	Baby-sit
Springe	Jump (to)
Boarne	Source
Ferhûgje	Look forward (to)
Stean	Stand

```
F E J S P G G K F N U B Û T E N Q
Q A I D H Z R I B B E K K I E J V
Z K S L A O P A A O B X R D T A T
K Q I Y O U G T T Z T L E S E E K
F I C Z Z W S G W K L R B P R Z G
X L M V V G C L A I L E M R B G J
P O C W E L M Q E Â P J I A W N H
J J K N J F N O N T R G G K H I W
G E F M Z E E G F F D Û N E D M S
J S B J D R G J Y B Q J C L X M S
T J F U L T I Z F T M S F E F I U
Z Z M K Y R E P T I U T K A Z T K
M I K S B O O N I E Z R T S J S D
X P M J R U Y O C V V E F T Y E F
E S A E E W U N H F W O T L N B E
B P Û A F E C H G J X X N U H D L
S V V H D W Q I M R E E L D F D S
```

Sprakeleas	Speechless	Gimber	Ginger
Ferbyldzje	Imagine (to)	Hûs	House
Mjuks	Mix	Bestimming	Destination
Eigen	Own	Fertrouwe	Trust (to)
Twaenfyftich	52	Ribbe	Rib
Ein	Duck/End	Oertsjûgje	Convince (to)
Poalsk	Polish	Nederlân	The Netherlands
Bûten	Outside		

```
U B M Y C I E D N R H D O A Y Y M
N R O G A V E X T E R M S M S V O M
P X V M K D T F O Q I A L G R O P L
Z T K H O L E J K W E L O A E H X B
N K V F X L D E E E Q X B T T J N O
S U Q V V L B L G M S P N R F B W A
A E L L E T R E F E R S Y K J E N R
T A C B N J U I T Y U F Q O Z R R T
N W Y E W C I D D S F V D I K O U E
O N E B J G A R T E N X L F W K E R
A T E G F G U A O F J Y N S L A I S
R X N F E F N O L M I S H S S T C G
D E V I F R D H U D P U T K E C Y U
A O F L P O J R I Z Y R J I W K G O
K H R T Z Z M E A Q N E I F E W N D
C U Q Z B K Q U X Z Y L S R B R P D
B W N I N P D O N D X C I E F M Z H
H C I T N I E W T N E N E G G O J N
```

Boartersguod	Toys
Reitsje	Touch (to)
Njoggenentweintich	29
Fertelle	Tell (to)
Hynsteblom	Dandelion
Blied	Bleed (to)
Easkje	Demand (to)
Noard	North

Wegerje	Refuse (to)
Moffen	Gloves
Fersykje	Request (to)
Efkes	For a moment
Toarn	Thorn
Djoer	Expensive
Oardiele	Judge (to)

```
I F A N S E L S T Z N X M J L Z X B
B P M I N S K E N U E Y W A R H M L
G H D K Q Û N D E R H Â L D Y C D G
N R G R Q Z R C T R R W H P X I F F
M C T J A G L P Q K L F S P P T P E
A R K P Z O E L E K T R Y S K N L P
I N A O L G B O A R S T E L J E Z G
A J L E I N W F L E I D I E N G L T
Y N O V H I M C A H W H D D M G Y D
Y W N Q H W K X H R P F Y R C O N B
I R Y A Y U I F O O S H D T E J X Q
A R U G F O Q W A R S K Ô G I N G S
L O M J M J W V V Â E T O K Q N S I
T D Y B D M N H N M J J L F O E Q I
Q Z Y C Y O L P U Z M S V B F T V S
T F M H F J M J P N A Y G Z L H T T
T P X X Q T H S J O E D D M C C W D
N D F M E Z X J V O G R E W L A I Y
```

Farsk	Fresh	Warskôging	Warning
Achtennjoggentich	98	Ûnderhâld	Maintenance
Board	Plate	Alwer	Again
Elektrysk	Electrical	Minsken	People/Folk
Fansels	Ofcourse	Omjouwing	Environment
Sân	7	Boarstelje	Brush (to)
Neidiel	Disadvantage	Earm	Arm/Poor
Tsiis	Cheese		

```
K Z J H M J Q Z D S A W Q J N L E M
A I B Q Y A U P A T R I T I C H E E
Z H L T X N K V A R C M D Z L J L R
D Z I R K J H L C Z Q N P Z S L B R
Z Q L T A W R H I H F H A A V I Y A
W X N D F A E R S K F U O E P V Y O
S N Y G C Û F W P G S K M F B I B D
D I A Z P G T E N F I A F Y B R B L
I N R G Y K Q E G R W E B Z D O E S
I B U A U S Y G B P R N H E T J Q F
T P O H W B G A S T X T E O A Q M V
S F V T D E A W S U R E G O T R I A
I E G E D I R J U V N A J Z H C E J
I I P W M J I B B Z E E O J M K I L
Z E O Z H N C N E K L O W P L X N H
I E O B J R U I Y F O G C P W U P T
E R F E V D Y P P N X W Y T I S T R
V K B W T N G H C F R E R U K Z G A
```

Betûft	Experienced	Boei	Buoy
Abrikoas	Apricot	Fertsjinje	Earn (to)
Tritich	30	Doarre	Dare (to)
Febrewaris	February	Poart	Gate
Feie	Sweep (to)	Wolken	Clouds
IIstiid	Ice age	Sabeare	Pretend (to)
Gefaarlik	Dangerous	Maklik	Easy
Ferbean	Forbidden		

```
K Z M L D F E U E F C O L E W G R Q
H M O B R W R Q Y H G W H V D V C F
H S U O E I A E B U M E B T J N U L
L V Y W A F E I B B D N N L M T X O
K Y E C C J P B V D F M Z Ô A B T N
M R Z J X B L S P U L T L T C U Z C
B Z P Q L U H T A W S Â T Z L H E Q
N J O G G E N E N S E C H T I C H W
B W A P T I T M X P F G N G G S W R
Y T F H L H Q T O Y N P I S M T K F
Z D B E U Q R Y A D B D E W S C V U
N A R G R W B K N O K R C J B V Z X
G P I A I D R X I P K Y T A R D M I
R P X A L A O V J L Q S R A D A Y M
F E R B Û N Q C S U S U E L T R E E
K R D P X Z A Q H D T I U B X Y E K
R R E D D O M W Q K R D M C F P N S
W T C E H F O N A N I J T T H C A K
```

Hâldber	Durable
Ferbûn	Connected/Linked
Njoggenensechtich	69
Genôch	Enough
Mislik	Nauseous
Beskoattelje	Lock (to)
Adres	Address
Spul	Game

Achttjin	18
Dapper	Brave
Rykdom	Wealth
Blau	Blue
Modder	Mud
Ferdoch	Waste (to)
Earje	Honor (to)

```
X H B T Q N E M M I L P E O U N K A
K A W W Z Y J N C E K J U K C N I R
D P C B G D F C J T R Z P O G Z L W
J U J X G D A G Z A A V H M V X R Q
T Y K E Y U Z T E V N T C E O N A Q
G T H D J I S S R K A R I J N H A C
E E S J E I I P W O I E T K U T B X
F J Y R E V R J R F Q J H I M A R I
E W D N D G E Z H W A Z C L U J E Z
R W S A X R T R E O B A E R Y C T P
F B W T H E F T R W Z O S A U W S C
A F X D B K E O A R S L N E E K U H
L E L B Y Û R W Q V I P E H S Y J E
S M W B J R I Â J D Y S F R N A B K
K I G D J B J Z N T J K I E T P I A
J J E V P E H U D E H E I F S V O P
E Z A W D G B M M M C R F A Q F X V
O J U G H S Z R O T T Û N D E R P P
```

Ferfalskje	Falsify (to)	Advisearje	Advise (to)
Pake	Grandpa	Immen	Someone
Bjusterbaarlik	Wonderful	Gebrûker	User
Ûnder	Under	Eksploazje	Explosion
Reizgje	Travel (to)	Hjirefter	Behind this
Tsien	10	Fiifensechtich	65
Boer	Farmer/Burp	Râne	Edge
Ferhearlikje	Glorify (to)		

```
T M Q B L E J S T N R A O H K I I B
E N M Q M A P N T P E T T I J R E F
M G L Y X Y R E T Û J P M O K J E Q
O S Q P N Y W D F Z N V K B G R K E
A P P P K S B L K J W J W H I E Z V
S Z L F C Y O Â E D C C U E P O C J
J S E W L U O K J N P E N L T T U H
E G A A F B M R U N F I P P I F C A
A O T R Û L E E M Û G Z J B B O L B
K H S G U U K F N J V U Q Q N D Z X
S K A R A C H T E N T A C H T I C H
I S P N A J K S P J W M M A Z Z D V
N D Q W K E K E O B W K G V R T Z Q
T P S Y N C K W U R Z E K W R C L I
E F N N W L Z R B M Y V P P G O W Y
X Z E Y M I Q K E P P Q T T P C P J
B Z Z Y M U P K W F L C T X O S F B
O T A E N I K S R E F X N V K S V X
```

Ferienigje	Unite (to)	Ûle	Owl
Aksint	Accent	Emoasje	Emotion
Ferjitte	Forget (to)	Pleats	Farm
Kompjûter	Computer	IIkhoarntsje	Squirrel
Toer	Tower	Ferskine	Appear (to)
Ferkâlden	Having a cold	Boek	Book
Ûntkenne	Deny (to)	Achtentachtich	88
Ferkear	Traffic		

```
H C I T H C A T N E N E G G O J N D
W K B H U I Z T M E R E H Q T K R K
Y K B F D Q U X V N R Q C O D F T R
O E B T D M F A D R O W I P X T O O
Q T H X Û B H Z A R Z J T S D I N F
D T Q E R T E O E Y K W N Q V N W K
C I K X K E G G C B K I E Z D Z C V
V L T B G I Y W J Q D L G H Q E A F
L R O E G A B I D X B E G J I N N E
E E S S F A F E R C V H O V E I H U
I F K T N L Q R U O Z O J O J U F D
D K E E D K P S W S W M N X S S B X
R X D A S R G K T I N W N V A D R L
E G O N O E V Y N F H W E A A Z E Y
D E K Q Z F V N A P L W F X K B B X
N D T E P L J L W V V L I P O J Q C
Û T E T Y N F I D Z N T I W L B J T
M C R J Q O U K L O U D F G M F Y F
```

Tinzen	Thoughts	Fiifennjoggentich	95
Ferklaaie	Dress up (to)	Haven	Harbor
Toskedokter	Dentist	Bestean	Exist (to)
Begjinne	Begin (to)	Krûd	Herb
Antwurd	Answer	Njoggenentachtich	89
Wierskynlik	Probably	Goarre	Pandemic
Ûnderdiel	Part/Item	Lokaasje	Location
Ferlitte	Abandon (to)		

```
P L A L D W I C E L R Q D W O F R W
Q R Y L N O H U T I F T G V V E A R
D I K Â Q F K T D F E R B Â N R E J
D S B Y B P Y B K P G W B D P W G H
D K P E D R F E R O A R J E H I E F
O E J G I T A E N R E F S F E K R E
V A M T N I E W E S K Ú L F Y S T T
K R H C I D L I J E C Z N G O E F B
W J I T N D S Z Q H B P K G H L U D
D E P P I A P K D W F W P N L J L Z
F S E E R F E T H C I H Q F I E H X
V B B W W K K R L K R T J M U T M Q
C N S N B W N V P O E Z T Z N X W V
I O R B R T W A E N F J I R T I C H
O X T N I Z S L F K K S C H L T R E
J Z F F E I S S X M S R K G V X J H
K I T S D A A H E A X Y P G Y D D V
T R N X L O E X A K I R A E M A A S
```

Hichtefrees	Fear of height	Bân	Tire
Bried	Breed (to)	Ferwikselje	Swap (to)
Jildich	Valid	Tink	Think (to)
Amearika	America	Twaenfjirtich	42
Ferneatigje	Destroy (to)	Haadstik	Chapter
Regear	Government	Ferbân	Bandage
Lúksewein	Car	Riskearje	Risk (to)
Feroarje	Change (to)		

```
W Y U R B K W Q Z Q W S I T D X S K
J F J M B K D R L A B I F E P E A L
J I F K X U D W M J J S S E X T B Q
R J F V H D O Y I K O I J W S G D T
C N T E U I E N B L M V D N A F G G
N V O D E I D F Q B O X I Z J E X G
N F C E J E K J E M T J X Q P R Z D
H E E Q R F H R D Y S R N E K S O U
T A E I A B Z P T D N L L X I Q F
O A A M D L L J D Z E Q E Z X Z Y I
L T G N N M B O X H L K T H O Z R O
V S R O Û R G K C L U S L C X E L F
E N U B W M V I B X R C V I Y H F B
M I T N E Q T J T A T X U L L I Z U
Y J S Y B F J W R L T P A E W G U G
O T K B Ê H O G R D T R E D N Û H P
O N M R T B I X F E R S K I L B C B
R Q K X R C M F E R S R I K L I K V
```

Bjinder	Scrubber	Tjinst	Shift
Fersizze	Promise (to)	Krêftich	Powerful
Kidelich	Ticklish	Bewûnderje	Admire (to)
Oeral	Everywhere	Godtsjinst	Religion
Ferskil	Difference	Tolve	12
Hûndert	100	Desimber	December
Peal	Pole	Grutsk	Proud
Fersriklik	Horrible		

R	P	O	C	P	N	N	K	Q	N	S	B	E	R	E	L	N	T
H	J	A	N	N	E	W	A	R	I	S	Q	T	S	D	B	B	S
G	C	L	V	L	D	W	A	M	K	I	B	R	B	O	X	M	A
W	N	Q	J	E	Z	O	G	G	L	Ê	S	R	U	T	Z	K	K
N	V	S	W	K	T	N	F	C	N	R	S	D	C	S	Y	Z	L
Â	I	C	N	S	F	G	B	L	V	T	D	E	D	N	W	R	O
T	E	W	R	A	M	B	M	L	R	B	E	S	T	O	W	E	U
S	Q	E	C	E	Y	P	X	X	X	J	J	K	B	X	C	C	K
E	F	A	J	P	G	W	G	C	S	W	O	M	L	F	W	F	V
B	Q	A	Y	X	B	N	E	D	Ê	R	E	A	R	N	E	R	W
R	O	Z	I	F	V	I	K	P	Q	R	U	X	V	R	Y	B	H
J	K	I	L	P	O	O	H	R	K	I	X	C	S	Y	A	P	T
I	S	Z	G	W	J	P	X	S	K	H	E	Y	F	Z	X	D	U
F	V	L	X	Q	H	C	I	G	A	O	K	T	F	N	K	Z	T
W	A	V	R	P	Q	F	D	F	N	X	S	M	N	B	Y	V	R
A	P	E	L	T	I	Q	W	V	Z	C	A	V	Q	A	X	E	E
K	B	S	N	E	E	I	K	X	E	K	V	O	J	T	R	T	I
G	C	Y	B	N	L	Y	V	B	V	H	V	G	J	F	P	K	N

Hooplik	*Hopefully*		Trein	*Train*
Kuolkast	*Fridge*		Fersyk	*Request*
Glês	*Glass*		Bestân	*File*
Ferstoarn	*Passed away*		IIs	*Ice*
Krante	*Newspaper*		Jannewaris	*January*
Fisk	*Fish*		Bestowe	*Pollinate*
Peaske	*Easter*		Dêrearne	*Somewhere there*
Boud	*Built*			

```
W Z F E R W A C H T S J E N M K A B
P F I Q E E N P A T R O A N T R Y N
A F H E A L W I I S N U C F F S O L
P J A L U R J A H L W A C A P B S W
U O Y A H X X F Z E F L Q H W Q E N
A C A P S H C I D R U W T N I J S T
B H R K K D H I L L Y H B R Û K E S
R T X I O G M F F N M V G F P Z U C
O S I L N C X E C X L P V X E L G M
E J N S T N B N A V B O P N Ú R B G
R E F Ê I P Q T B Y R J N I J E W K
K J N N G E A R F E T T I N G Z E
E F X E I I O C D L X I Y A M Q Q W
F A E G N L Y H X S E B U H G A N A
K E X V T Q L T Y Z N I L Q A J R O
S U E T Z C H I T C J A F R P M Z S
O B N O U W M C F T P L C U M U F X
T M C Y H T R H Y O X V P K N E C F
```

Genêslik	Curable	Tsjintwurdich	Nowadays
Healwiis	Crazy/Foolish	Fiifentachtich	85
Ferwe	Paint	Patroan	Pattern
Brûke	Use (to)	Kontinint	Continent
Tosk	Tooth	Ferwachtsje	Expect (to)
Brún	Brown	Broerke	Younger brother
Fjochtsje	Fight (to)	Gearfetting	Summary
Fiel	Feel (to)		

Fierder	Further	Buert	Neighbourhood
Hâlding	Posture/Attitude	Pearel	Pearl
Fierwei	By far	Búk	Belly
Amerikaansk	American	Smûk	Cozy
Fiifenfjirtich	45	Buorkje	Farm/Burp (to)
Ivich	Forever/Eternal	Misbrûke	Abuse (to)
Neame	Name (to)	Tútsje	Kiss (to)
Bûtengewoan	Extraordinary		

```
W P C W C J Y T T G O Y R M Z T Y D
R Z W M F D T Z V R A E D Y Z W J Y
J S D T I M A C U Y O G X B E A B X
U R L E I S S O A J X N J H Q T S S
A G F W F F S X F J Â Z I N E B Z D
J W N I E I P I S H G R R F W T M B
K Q N O N P J T Û M V Y E X S Z V Z
Z A A P T S D A N L B K D I O Q T U
A Y R G W N K U D I S J L V E N M O
D C V Z E B E O E I H U I V Z G P Y
X P N N I E J J J F C A K U S H U R
O I R E N S R M S C E J S M Q T E U
Y Y Q K T K A S K P Q R Y L S W U Z
Z M A C I I E Q M Q O K L N D C Z B
Y W W M C K T T S P N S T I Q S J R
H F Z P H B S Y R D C I C L E K I U
F R E A R E Y H E E F T U V S Z W M
H A H R G R M M W L B K Q K D P E C
```

Hân	Hand	Berte	Birth
Par	Pear	Reare	Stir (to)
Fiifentweintich	25	Jiskefet	Trashcan
Sûnde	Sin	Beskikber	Available
Mystearje	Mystery	Ferlieze	Lose (to)
Opsje	Option	Skilderij	Painting
Siel	Soul	Fjoer	Fire
Finsk	Finnish		

```
R S M O V F G X N Y L R Z L J A P S
S J G E L O K K I C H B A E L B I Z
R H K E F M D N J M T Y Y A F C W U
E F K T H L R L T L F H U I O C N Q
D Z V X U X A B R J Q L T W N H Y H
N P T G Y D E U I R X E Y M P R D P
Û F N N L G K R J Z R R K D Y J P F
S U W Â K E R L F S M H M R A N L L
R P H J J I E K E S R V F L Y T R V
A X H L N K F F R E T T E B M H T R
W W I G H C I L L I H P E V P V L B
D K F W S K I J G D X Q S T O X N E
S W U G I T P D A Z I Y B J M H O S
P U K U T Q X E S T A Q V L C H C Y
Z A J W I Q I G U J V K N Y F L O K
D K A H C I P P A R G Z B H K Q A J
M L W D J C W K S I R H C O N W J E
Z G V E D B T H R M G K B V Y Q E S
```

Fiters	Shoe lashes	Hillich	Holy
Sûnder	Without	Ferkeard	Wrong
Besykje	Try (to)	Nochris	Again
Knyflok	Garlic	Skilje	Call/Dial (to)
Gelokkich	Happy	Hâld	Hold (to)
Fjirtjin	14	Grappich	Funny
Better	Better	Fjirring	Attic/Loft
Paad	Path		

```
G G V K F W Y E N I Z I H F I E R Q
L J P G P P G S K O A L L E N W U F
G N Z V M H Z W O Y S L I J P D V Z
V O A E E T S O V O T T V Y K Q A F
Q W B K J Z N Z Q G W F V P W F E S
R P Q R R Y I B T N A Q H I V A N U
J P M E O Y E L U R E J K R A H Z Y
F A I M U Q S O O E N C C O E T E T
Z Z O R D G T N J M S Y W K P U T K
T L O E R P O R F A E P S B Q S W C
O I M P E J A K F E C U E P I K V R
Q G R U F E R Y R K H W Q T B E U D
M G O S T A M E O I T E F R Â N S K
K J P K K V M C R L I O Z F W J H Y
F M A B W Û D S U T C H P C B C O T
K B O S N B A N L J H X T X J N J F
D U H F J Z Y D E S S M W V O F W V
V B Û G E E N Z D E E R F P W Y P H
```

Twaensechtich	62
Supermerke	Supermarket
Frânsk	French
Baktearje	Bacteria
Omrop	Broadcast
Keamer	Room
Freed	Friday
Nûmer	Number
Fier	Far
Harkje	Listen (to)
Tusken	Inbetween
Sniestoarm	Snowstorm
Skoalle	School
Bûge	Bend (to)
Ferduorje	Endure (to)

```
H A D C S T Â L Q H X Q G B L F E G
O M B C S H X H J C F C E J Z D B A
A E R J Û M M X W I H T H D I T Q U
N R I D M F O E O T K N A B P T C J
N H N Y E F B J C F J A M V K Q T Z
E P G V R N Q U L Y N K M T P R H E
R C G K A N U Z H F C R E O U A J C
G H A O E T K F F N F E R W Y Z H I
X E O V L P U N T E N W E O C H Q W
G E Y C F O A N T R V U V X U N Z L
D S Q S Y M E F G E P O N B S R O X
R R J N T P I S U W I J N A R K E O
W B D T A H P N P U L F R K E P K B
I H R D D P Y U Z O R O M K E B I Y
I T A A L J E V R J J L X E B A M Y
X T N H G M Z Z H F P J K A U I X Q
J O B A V Z F E R E A S K J E D N K
C R Q U U H O N G H I K P T U G Q C
```

Omke	Uncle	Fereaskje	Require (to)
Fjouwerkant	Square	Bring	Bring (to)
Itaalje	Italy	Hoanne	Rooster
Stâl	Stable	Fjouwerenfyftich	54
Punten	Points	Amer	Bucket
Bakke	Bake/Fry (to)	Jitte	Pour
Hammer	Hammer	Foan	Tip
Flearemûs	Bat		

```
O J Q J D O S L L U Z R D F Y J S B
X N Z A A O A C X Z E Z W Y J R J R
Q G Y A W R G S I I S K O W E M A E
T Q B A A E R M T K J O N Z J P E K
V N C O H C H E O C D G L D P D J O
S D D Û M L P E E T A K S R E F Y L
U H C U L F P D G X O Y Q T V O D F
O H P Q R K H V C E W V E B C N A C
W F J O U W E R E N S A N T I C H Y
R G K T K Z S B B O W K Z Y Z P Y D
E Z J Y L Q L N N J M Q O K I F F C
X C X N N K R Y M S R S A A M G P Q
W T S O I H C I D A T S N P L Z U Y
A I Y K S I C G I T E I B F S L D H
Q M N C H W K X C S E G Ê R B E E D
K F U G L H B D L R G C M T J U O F
R S P F Z S T Â N B Y L D H O J G W
D Z N N P M G W S E V U N S K H D R
```

Hegeskoalle	High school	Ferskate	Several
Fjouwerensantich	74	Stadich	Slow
Stasjon	Station	Brêge	Bridge
IIsko	Ice cream	Fluch	Fast
Flok	Curse	Doaral	Daredevil
Snuve	Sniff (to)	Rein	Rain
Gehûch	Memory	Stânbyld	Statue
Jarre	Liquid manure		

```
S M P I D C F S R L G W B R J T S L
V Q I S L Ê K M J F I I L O X F T E
H X G X I H T Z C M Y S T E A P E L
Y N N K T J C S B U T D E F K Q A Z
I Q I F E R N I M M E A F M U H M M
X I D R N L A N T E A R N E P E A L
Y G D V T A U G A F I W X P M W N D
J P O F R Q O R F G Y R R Q M K F O
W E K J S J J S W Q P F W R A O F Q
S J S G V D M J V U R Q N M Y K U G
K L D T R T I K R A P F Û E N W Q H
W Y R E J K S R A E H F E K F Q K K
J Z E G S U D E N C L E L V K I E X
E A I H Y A S N J A V T A J C D I Q
E R B Q R B T W A D D E Y T B B U F
G B N L C L S Z P D S U V Y U Z K B
H B S V S T J Y P N P U A T G M N N
D S B O Z E S W Q R G O V U V G S W
```

Foar	For		Steam	Steam
Steapel	Pile		Fernimme	Notice (to)
Kamûflaazje	Camouflage		Iten	Food
Oliif	Olive		Hearskje	Rule (to)
Twadde	Second		Stêd	City
Ierdskodding	Earthquake		Fiifenfyftich	55
Lantearnepeal	Lamppost		Soan	Son
Brazylje	Brazil			

```
S H E K X A W E Y N I P K U T D Y A
H Q V D T F E R L J O C H T I N G K
K U V I A H Q L K P M F N C X F A L
D W T G M A C N N D B Y O V J M R S
V Y Y K Y T P A I N G E L S K E K J
X W R K A S G T W M X E B G D I S V
A B K I L K I S O N M K X E B F Ô G
W X H P R O A I A U Â E I T C F E N
P J R F D K B N N Z F R N Q W G F I
G B L H F F Y D R T R W B I N G K N
C J S C E L R E P E O U Z U A R W E
I O N N T I K I F R E E J Q T X N K
M C V F O C D K I M L W R J E L V D
W V J F O A R S T E L E V P W O D U
Z G Y F D D D F I D T G G U W Y V M
D Q D E O L F W G S P C I N N O S I
R S C O B X V V U K I Y Y E I S J I
B V F A B U G J Q F K J T O H E A Z
```

Fuotpaad	Sidewalk	Ôfwize	Reject (to)
Nimmen	Nobody	Ferrieder	Traitor
Kening	King	Juster	Yesterday
Brânwacht	Fire department	Ingel	Angel
Foarstel	Proposal	Skiednis	History
Proai	Prey	Ingelsk	English
Ferljochting	Lighting	Floed	Flood
Snoad	Smart/Clever		

```
I X H Y E D S T H F C J P L E X K K
I N V N D I T S M N O V E B I L O M
D Q A X L J E J W P E L W W W C V M
F O E I E P I I N K D D D C M M R Q
M Ô G T S F S N A L O C E W V P S M
V F L V T A K S B T E N D W A K D B
U H Y U I H I T U A V M O J S A H U
L A D I G J M A C K O Q M C R Z N O
D R Z C Q P M N O L B O H I P H N R
W K J G O L E N B Y Z R C O H W R K
P J E J H P L E C P C H A I E F N E
R E O C V W N R Y K L T A H Z D U R
W Q U O B N T F E R W U R K J E K I
W J D L I C I G K F M F F D C P L J
A K Z S K E P P E L J E R J O Z Q F
K V Z W W W A J F K W R B C R R C Y
R Ê C H S E K Z T R S B M Y B H H F
D Q J D F A B A E L D X E U C R K N
```

Sinneblom	Sunflower	Itselde	The same
Foldwaan	Satisfy	Pylk	Arrow
Keppelje	Link (to)	Himmel	Heaven
Tsjinstanner	Opponent	Sweden	Sweden
Rêchsek	Backpack	Ôfharkje	Eavesdropping
Buorkerij	Farm	Ferwurkje	Process (to)
Fraach	Question	Glydzje	Slide (to)
Skimmel	Fungus		

```
O A J F E Y Z D P V X U R Y H B R D
A V E R I F V D I I R T S D E W Z T
R V R J E F Y Y Y V W K W T Y W T I L
S E F E R P H S C P C E S I E L F R
A T L M I A B Y K A S U E Û V I M Y
A W E D U V E W U I I W Q L N A L G
K Y G L K O I N P Z E U N D F X D C
G G U A H U N X E K L P E F W H U R
F I T B T W S E L M Z K R J Z R L L
D L E J K X R O O V M A U G G G I U
D L X R Q Q M K W B C I L O P H X Z
P U I E D J C J J H D M R M Q O U I
H I N K M B J L T X Q Y U K P C Z U
Y P G N S C A W E Q B T F D Q O U N
T F R E O N E L J H P N P X A U Z X
E S W Z J I U X K C N C R B T H Y H
E F U B N S O E E L B T Z L J F C W
O I L R K K L C N J Y I H X Z S W W
```

Snie	Snow
Freon	Friend
Ierdbal	Globe
Wedstriid	Game
Fleis	Flesh/Meat
Kjel	Startled
Skiep	Sheep
Frjemd	Weird
Krimmenearje	Complain (to)
Molkewei	Milky Way
Skild	Shield
Frachtwein	Lorry/Truck
Iuw	Century
Sûn	Healthy
Oarsaak	Cause

```
L L T Q M X H Z Q J X F G J I H U Q
N E G U B G F I X U S K E Q E N R L
Q G J E X Y L B M L P Q Y B J F P W
U Û I R A J Y T Q M W Z U H R F A Z
Y F G J E I P Y U G E U B E B F E X
K D J D T T B E K S L L O J Q Z I Y
P K D I M X S M H Q V U J I S Y J W
N E Q F F N O Ú O C Z B R E V M Z U
R E I Z E R N D L L I K U R N V O F
S Z L Y X K G R A F O T P T D R U B
K Z T T S T Û N D Q U K R I F M R X
K Y Z K J O V T H H J F A I T X S N
S Y Y V X J M K E Q N Y L D J F Û Y
D R B Q X O B M A L I D E E V F N K
G N F P S B T C M D D Y O D Q B T Q
G F J M P K P Z K L K N F Z Y R U D
S Q S L G M B G Y R Y A E A N Y E F
J T C F U O T T E N F O G Y E R R K
```

Fuotten	Feet	Sûnt	Since
Kolombia	Columbia	Tûke	Limb/Branch
Gefoel	Feeling	Fjirtich	40
Ljedder	Ladder	Himmelje	Clean (to)
Jiertiid	Season	Izer	Iron
Fûgel	Bird	Flústerje	Whisper (to)
Gryksk	Greek	Burd	Beard
Frou	Woman		

```
O Y F B X G O U S L M E R S L H P B
R O W R Y N A E P Z J B F H L S T T
G B Q H E T D M Z L N Ú G E V Y C N
K D Q U P R Û K E I T G S J W Z A C
X X L H M C K V N E J U F D Z V Q E
T M Y H J M I E I A Z S C P R B F P
J S W Q W W F N R N A I K V K Z I V
U S Z P T P L O E H Q G I D H G N Z
N R L G I I H P F Y T D I Ê D E L X
Z C A H K X U R L I G N S R S J Â H
S C Z J Y A O L E A N N V P Q R N C
R I C E Q I L O S X N U R Y N A Q I
E A O R N E I T S R A O K S C E P N
I Q P S X R I U E A F A I I K S D U
L D M T K F A D R D T Q I D R U Z S
F I I J P O G K H C I G H K M F Y W
O P D C H I K E B Y F Q E J P A E K
B U V Q S Z J N Ô F S T Â N N D P J
```

Twivelje — Doubt (to)
Sunich — Thrifty
Flesse — Bottle
Dêr — There
Prûk — Wig
Hjerst — Fall
Siik — Sick
Fusearje — Fuse (to)

Lean — Salary
Keapje — Buy (to)
Ôfstân — Distance
Flier — Floor
Skoarstien — Chimney
Úteinlik — Eventually
Finlân — Finland

```
K E P C G M T A S G U K N B L A R M
E R Q E D W J E W U O J R E F B E F
K L S Z C H A I O A Y R E O Z A T B
U F E A Q P A R C C P H A B O V S J
B L Z I K E B B K Q S R V A N L U H
K R Y R D M R M C H S J B A G F J R
H O C E I E N E N T R I T I C H S E
O I I N V L N G E D Y U S V Q N T F
D S E D F V D L K I I R M X L E L I
R C I L Q X L Y V A Z P O F P P Z S
J R Y Y E E I B K L M N K U I M A F
J G U Q L N X P S E S D R H T I Y T
C Q R S D G D S Y K I R A B M F F J
N G O L E G N A F T N Û E C T G S H
U E V R W Z T P L G W X G I J D R B
P I D I H E U U Y C Y W C I F Z D L
D Y L Z Z E V Y Q K H H R L X A J P
N U Q H E Y E L V B E F B P V X E F
```

Diele	Share (to)	Tsjuster	Darkness
Sifer	Cipher/Digit	Fiif	5
Fyftich	50	Dialekt	Dialect
Ûntfange	Receive (to)	Hielendal	Wholly/Fully
Gerdyn	Curtain	Ferjouwe	Forgive (to)
Ienentritich	31	Siede	Cook/Boil (to)
Foarstelle	Introduce (to)	Pyk	Chicken
Gearkomst	Meeting		

```
X S K O C L H K I Y F L C O A H W H L A
G L L F T X L P Z W J Û O H X E D Y I M
U C O H W P U Z M U O H G Z W G Z G T S
K E O S S P H R N P U Z M E D I S Y N U
O F D L Â N B O U Q W P H V L S S N R J
N J X A U L S P Y Q E U Q V F N E C F L
Y A M T Q Q T O L X R A Z Q T U Ê B O U
E P J B B C R D W X E X K Z M D I S Y O
L W B Q Z K R M B D N C R Z J H K X T R
L A F F M F A X A F N V H A Z Z E H V F
C P B L G I N N C T J X T X E A P R O E
B V X F M X E U L F O C X N Q S M T D R
Y V Q F Q U H H R E G K W A N O O N N E
Y K M G X I C E E N G T K R I Y P X V A
Q S C B I U O B W G E B S Z E C N L L L
Z Y K I Y N L J F U N Z M A W Q K M S E
S S S T L B N Y A V T W Û Q E U N L N S
I S W I R W U S N E I N X T K G Y C W Z
L U K L U R A T J X C T R I I A V Q F W
J R X M N Q O E H S H E X Y S R L Q L G
```

Geast	*Ghost*	Fereale	*In love*
Hazze	*Hare*	Sikewein	*Ambulance*
Rane	*Melt (to)*	Lânbou	*Agriculture*
Fûgelnêst	*Bird's Nest*	Fjouwerennjoggentich	*94*
Tûzen	*1.000*	Snein	*Sunday*
Geheim	*Secret*	Freonlik	*Friendly*
Froulju	*Women*	Medisyn	*Medicine*
Russysk	*Russian*		

```
Y A T I T E S I C T F X B L B Z J
M Z F O T N M Z L O K R J V D G S
F N S R E G I U L G S O E R Û V H
L I N E O N N E I M E G U D B A K
X O R C A R S R I I K B H N E B U
G I A Y M N K E D K R P O W L H Y
M C U Z N M L K Q S N A J U E X X
R O P S I I I I X C K Y Z C B R I
N H Y K T O K S O C R I M G X H C
W A C H T W U R D U Q C N I O L B
T H U Q U L N E F D Y L L E C Q U
N Z E P O N X D V S C D E N U Y L
Q E J Z Ú L K N O K B F T F Q V I
M U N S U O F Û F I F J T D R O A
G E N I E T S J E I W F E D T D N
Y V Q Z V V I P O F C X R Y K I T
L V M E O M N Â L S Y R F Q O O S
```

Gemien	In common/Mean	Frette	Eat (to)
Konklúzje	Conclusion	Skine	Shine (to)
Genietsje	Enjoy (to)	Wachtwurd	Password
Skiif	Disc	Gebou	Building
Ûndersiker	Researcher	Soer	Sour
Gers	Grass	Frede	Peace
Fryslân	Friesland	Dûbel	Double
Minsklik	Human		

```
Q J V V T L Z L Q Q H E O D S R R
S H N T W U N S I A Z H R J R F A
B C I C L P E R Z D T E E N Y T O
Y I X F V G N G S Z K D T N B U T
A T Q K N G E U J I M K N V B Z N
G N G D E U C M S Q L E I G S T A
L E G L J O G E S E A A L L B C K
I G E N M M B Z U K F E F H X S O
C G H T R E J Y G R J N T K J Z I
T O L A A I A N Y N W I K G B J X
F J A E O F Â S I W N X R Y G C M
I N H H D L K J T C X K Y R R X X
T N I M E V S G R A I N F O E Y Z
T E E T M T W E N Q L G Y Y I Z Q
S N I A V C X H C I T S U R G J Y
G E A L B G E L L W I I S H B K S
H I Y S S K J I N C V S S X P O M
```

Ienennjoggentich	91	Skjin	Clean
Giel	Yellow	Doarmje	Wander (to)
Frysk	Frisian	Meastal	Mostly
Heitelân	Homeland	Rustich	Rusty
Kantoar	Office	Besiker	Visitor
Skjirre	Scissors/Shears	Wiis	Wise
Flinter	Butterfly	Tsjinje	Serve (to)
Gniis	Grin		

```
W Q R E E R A H F G M E O V B J W
V R E E D R I D E U C G H P P Q U
I A X U G Y Y F Z G E H O K M J V
D H N L Y Y K S V I R D T S J O K
N X N R A O M R E O E C M O E V S
X K H J O U Z I Y C O Y H E R O Q
V W I X G D U L K S J C P W J M T
A I W L H O Y S S H T Z G E Z R R
S L V F R I E Z E P S B K W H F F
Q L E M W E I D T V X K E T A C E
Q E S K V Q U P U O I N F A G Q Y
F E F X K N M T T H W B R P M E F
U D O S X A F Z A I I X V T X A C
H U A R K H P V H N B B I L E A W
Q G R A V E W F B E S K E R M J E
Z Y W H N C T P Ô U G U Q X N N N
N E I T S T A O G Y C J G E B C Y
```

Goatstien	Sink	Tsjok	Thick/Fat
Beskermje	Protect (to)	Oermoarn	Day after tomorrow
Goed	Good	Reedride	Ice skating
Frjemde	Stranger	Ôfpakke	Take away (to)
Stjoere	Send (to)	Hikke	Fence
Krystbeam	Christmas tree	Wille	Fun/Pleasure
Natuerlik	Natural	Frieze	Freeze
Grave	Dig (to)		

```
X W N K R G S E Q T G N B B R K F
D Y R G E L E P P E L R F E Y V D
R M G L O P G X V S C D W J D Q Q
P I Z Z V N S U Y B X I F H L F Z
D E E L L I N A F O R J K B O N K
L F S E W J U S Z T U T I Q E V H
T X P P E G S Q W F T S V G U M B
T R R R R J X A O W H R K R D X Q
U P E E R N B K J X E W U I R P L
V P A I T C S B U Y P W C E P I A
J B S Y G E Z V I J Y A B N Û F N
I M T T Z V W F E T L V L E D G W
G N E C L A V D Z M L Z N R E O D
Z O R T E T A D A N A K O N H D W
H T H F Ô F H I N K L I K Q I L M
C L P T E K M M O R Ê D Y J R D Y
E Ô F S I Z Z E R K O E X P H Q N
```

Ôfsizze — Cancel (to)
Priuwe — Taste (to)
Grien — Green
Fokse — Fox
Kanada — Canada
Ierpel — Potato
Myn — My
Fanille — Vanilla

Twa — 2
Reaster — Schedule
Dêrom — That's why
Leppel — Spoon
Gjin — None
Ôfhinklik — Dependant
Pûde — Bag

```
H N Q M P H X C O R K S D Z R Z O
P B X G H I X W R H O O Q L V A S
Z U L C O Z K R I G K Z C R J Y H
P A Ê K N I K S E G E Z E P T N K
X R I X V M E A R E N G I R B F J
F B Z L I G C R D G B P Û O B B N
N P T K T I L I B V L O G L X R O
S J W M N A U T E F V P I G E G X
E P N F B O X A I F X P G K W X C
H Y B T I P C O A I J E J W U G T
M A O J R W H W X G S W Y E I W T
A U A E N A O F E L L I T T R L T
F R V D E Z C E F C F M M S T T W
D I X N S T B X X Q W J Z B G W E
F X N H Q T H O S F F U Z E E I D
F M X V H C Ê Y Y E E P I R G M I
J B N N D Q A D W V W V K P V Q S
```

Gripe	Grasp (to)
Triuwe	Push (to)
Fuotbal	Football/Soccer
Side	Side
Mear	More
Gûle	Cry (to)
Haadstêd	Capital city
Ierdbei	Strawberry
Skip	Ship
Geskink	Gift
Fiver	Pond
Tillefoan	Telephone
Kwetsber	Vulnerable
Poppe	Baby
Rêch	Back

```
L G D P C A U G J W G I J J U I I
S Q L V N R D T A E W B U K T R F
B I X Q Q L H A M R G H V U O U S
V W D G T U B S X A Â N K R I A
N P C V N A A Z T E X N H V S K V
A V P M J J S X I B O T S Y Z W N
N M Z A S Y L Z O L J P H J F T A
U S O Û U O F E R S T O P J E W X
A S T X C H N P E X G L K G W N R
B N P N I J T F Y F V O E P I R P
E Y Y E D B Z Y S J I N G A H Z X
W N U F A T E I W L X S Ô X R F N
K V S L S R L A I P T N B Q B E G
N K N L W B E G N Y F U N L J A X
A V E S V K M I F N V Y I R E D T
I Ô F L I E D E G E P K E X V D Q
F B N N Z X L S A U N B R Â N G P
```

Wiet	Wet	Spear	Spear
Hage	Hedge	Nijs	Just now
Fyftjin	15	Ôfliede	Distract (to)
Leare	Learn (to)	Knyn	Rabbit
Reinbôge	Rainbow	Fyts	Bicycle
Brân	Fire	Bots	Shovel
Garânsje	Warranty	Ferstopje	Hide (to)
Entûsjasme	Enthusiasm		

```
V P D F E J L E I H R R S C E Q G
R K Û N W J E R S T E A N B E R Q
S O E L V D R C P A M D F V D F F
N D A Û Z M V X F L A K O K Z O E
Â E R K T X J H N E Y M H R R J R
K H P E O M C Q R R R W T S G S
S Q A R I Q P H N K X J M T G Y T
N W F S A Z T U R E W U I R K S Â
I I Q N T O C Q P Y J E D T K P N
R T L N O Z D W X F M L O L L P G
G D N G O U U U I N I U Y Q H I U
I X C L O E K O I O Y D H G Z J K
J Y T G J X R J F U U X Y T M D N
Q J T G H I K M J D X H N G S F M
I F L Q V S P S Q G A W F I E N K
T O P A E J B E J V I D O B A H R
F S B R H P U Q H I P J T T J H N
```

Lûke	Pull (to)		Goud	Gold
Ûnwjersteanber	Irresistible		Ferjitlik	Forgetful
Skjinmeitsje	Clean (to)		Read	Red
Hast	Almost		Doarp	Town
Folgje	Follow (to)		Skriuwer	Writer
Grins	Border		Hielje	Heal (to)
Kâns	Chance		Djip	Deep
Ferstân	Mind/Sense			

```
Z I F G Y H E A M N F K U W V D V
U E K F W A Z A Q A J C H R Z U J
V W T U O L A D Q H V W Q Z M F X
I O L R G P O F T M C E T B V M N
Y D Y B K L D Q P P H E F K C K L
K M R L N U A P Y S L N E P E Z S
C G G K E F X A Z R Z F T H B L W
E P C S L A I H E B V A L K O L D
K B G F A E G F W T E G D K X J Û
R A W T E N I N I T R M B U B E L
A L C N H S D V S K H N G G J D R
A E M H O C N V M T Û Z O K T E E
W P F C E L I J E M Z T M C H I J
N O M I F L G S L V E I B L X L W
Û M K S F A P R E B L A A S H R J
I E D U A E X G Y G B H N R A E H
Q R I G Z H X X V B O C F E R F O
```

Ferliede	Seduce (to)
Heal	Half
Glimkje	Smile (to)
Kachel	Heater
Hear	Hear (to)
Tûk	Smart/Clever
Heech	High
Ûnwaar	Thunderstorm
Steat	State
Meane	Mow (to)
Wjerlûd	Echo
Lok	Luck
Doaze	Box
Gesicht	Face
Ferlet	Need for something

```
M E G H E N C F P O J P J N G I A
Q N W Z F W A M C J G F M E V H W
Y K G U Y O P C P A D A M G H C R
G X A L I A O H H Y B V E G A I B
S Z J S Z R E F F T L S A A H T V
R F Y A D W K J O O H N G L H F P
S N O M H G F S X I E J E F U Y N
J T Y E B L M X L N Z T R A O F Z
S V K W J R W K N R Y Z E I M N H
X V R U I B D A O F F J T R D E N
U N Z O E F E O D O L U O L J N A
V H P J F T K W K E F Q D V G E I
C K V K U T Û S H I I L M B Q I O
J G Â M Z E R F L Q I V J E Y Y E
Q Q L L M Z X T P J W W L L J L O
N F Z F D T V W D G R I E N T E K
E A E W W O Q U R P M H E R T Z F
```

Teannen	Toes	Griente	Greens
Helje	Get (to)	Ienenfyftich	51
Hert	Heart	Foeterje	Grumble (to)
Jouwe	Give (to)	Skriuwe	Write (to)
Nacht	Night	Jild	Money
Flagge	Flag	Kâld	Cold
Rûke	Smell (to)	Wiif	Wife/Woman
Meager	Skinny		

```
Y  L  E  B  A  K  F  X  X  Y  T  M  R  X  E  K  H
E  Q  Z  N  N  B  E  S  O  A  R  G  I  N  G  N  A
H  M  L  E  Y  Y  A  U  F  N  I  Z  I  E  E  I  E
H  Z  A  K  A  H  E  D  N  E  J  G  L  O  F  B  I
I  T  E  E  C  J  Z  U  H  Q  E  M  W  U  Q  B  I
Z  O  T  R  F  H  A  R  S  E  N  S  T  X  I  E  Y
U  S  Q  E  Z  O  D  N  D  I  N  W  X  W  I  L  M
D  H  F  T  Q  N  A  J  G  T  J  D  B  M  Z  B  I
K  M  O  S  I  N  T  R  U  M  O  K  I  N  O  E  Y
Q  H  A  A  A  B  Y  S  M  G  H  H  L  L  H  D
T  K  D  L  U  R  Z  M  R  P  G  M  E  P  W  A  W
V  Y  A  P  F  F  A  F  E  K  E  I  D  P  N  N  D
S  L  L  E  N  Q  O  O  I  E  N  L  K  U  A  N  R
A  X  Y  Y  O  O  R  T  D  A  T  O  L  V  V  E  X
R  Z  E  Y  W  R  S  J  K  C  I  J  U  E  V  L  K
E  D  K  N  C  R  A  K  B  T  C  T  Z  P  K  J  T
P  A  Q  S  F  Y  K  Z  Z  F  H  L  E  Q  D  E  O
```

Neat	Nothing	Kaniel	Cinnamon
Foarspelle	Predict (to)	Sintrum	Center
Besoarging	Delivering	Plaster	Band-aid
Kabel	Cable	Folgjende	Next
Harsens	Brein	Trijennjoggentich	93
Behannelje	Treat (to)	Him	Him
Doar	Door	Flam	Flame
Knibbel	Knee		

```
S G Q K K I D F M Q H R B P X D Z
K V T A E A H O W J N A Z Z L C D
O Y V E X U M C O H P U N X U O C
D F F T R I J E N F Y F T I C H Y
Z N S J Z N D W R E R R I J H Y C
J N M O O M L E Y A M O D P Y Z D
E A A A T E Y Y L T Y K O L P A G
G V W N S L R B E S P R E K K E H
K Y M I I I Y B K T V J Y S Q W J
N R T P S B N O E G E G C M Y U I
W J F O L S L E I N M O O O J P R
K N A O R K L R Y Q A U F A T S N
N L C M J T Z J E M A U X L B W E
O V R F I E N W K T L V D K S I I
B Y G C O C E Z F K S A Q I Q Y M
E P H U Y U H I E J S A A U T I S
R J F N E R M T E T Z I M A L W L
```

Kroan	Crown
Folslein	Completely
Hjirnei	After this
Besprekke	Talk about (to)
Hjirre	Here
Skodzje	Shake (to)
Kamera	Camera
Hjoed	Today
Fjoerbenaud	Really scared
Trijenfyftich	53
Masine	Machine
Jawis	Yes sure
Foet	Foot
Master	Master
Situaasje	Situation

```
F I V S T T G D H T Y J E N R U B
O Y Q H O N R C H O L L E Y F R C
M E R C M X E K E O H S K B J U A
F A V I P D I N P Z Y J V V X E Y
O I S T O O D A U D G A D S S D I
C U C S U U E L Z T E M R Û F D Q
I C Z Ê L G O D B R H P E N D R S
G A S L F I A R B V M O Z D W V Q
Z J R E J G I D E L S I M E A L O
J L R L E U B F V K C E S R Y M F
L W M H C H O A R N K P U S X Q U
R A R X W Y F Q F C B O T E F Z V
C E P W L P R S K S W O H S P S R
K S D F I I F E N T R I T I C H W
B P Q L D I H C Z N E H G A T E D
S F P A E R V C G O E C D E V A R
U C C D X K O T W C D A M Z W K G
```

Greide	Meadow
Hoarn	Horn
Brea	Rye bread
Hoeke	Corner
Kelder	Basement/Cellar
Hokker	Which
Bysûnder	Special
Holle	Head
Lêstich	Difficult
Misledigje	Offend (to)
Guod	Goods/Stuff
Tunen	Gardens
Fiifentritich	35
Heak	Hook
Sjampo	Shampoo

```
N Z M F M J O G B K E S S E N C E
F H C I T R I J F N E N E I K M V
I K B S I Z E V L A W M M W S P W
L R Û C M K D I R E T A L F K A C
K F Ê B Q P M D J A W T P X Q X B
R I T C Q I X I N R O Q E O B P F
I G O D H T D U L Q A I V E K E G
I S Y P W B F F S Q F O L N X L V
C E J Z D A O R K E B Û F S E S U
H M J M Q E O N Q R K B C C T M U
H P L S K Z L B K F Q N R N F H R
M B T M Y Z I A S E V Û Q X O I H
B E T G J S T M O P R H L U H E U
W A L S Z C O S F H R H L N N K C
H L E S I U K P J K V I D C G T L
Z C W B D T L M Y A K K I Y U Y H
J H J W F B R A D R V O U S F X C
```

Houlik	Marriage	Kriich	War
Flater	Mistake	Bealch	Body
Bekroadzje	Care about (to)	Foarjier	Spring
Hûn	Dog	Hoale	Hole
Rêchbonke	Spine/Backbone	Kessen	Pillow/Cushion
Priis	Price	Posysje	Position
Belûk	Involve (to)	Fûst	Fist
Ienenfjirtich	41		

```
R R Y M C N N Q Y X A P E F A V A
Q W C N O Y Z N Y M I Y O R Y G Q
E W S E I S E N T W E I N T I C H
Y B I B O S O A V N F G F Q Q U Q
Z V G B S W A R R E E O O X M F D
M R T I K X S X Y Q K Z A E H G E
B D I L N J V P K E L N R R U J K
E L E E T I X Z I C C I S A B Z Y
Y Y H B U K I Y T S H X J Q E Y D
Q R S L Y S F Y T U V E O J P L Q
B R Ê D E O J S I X Q G G Q X M M
J S O D A S Y E J Z T E G J X H A
J H Y R Q R F X I S E J E G Z H A
L X M X K S X G E I B N D D C A K
N K U M O S F L P B R Q N J X P S
V X Y H M F B Z E O I R S I D A C
H Ô F B Y L D I N G J R W A D K
```

Foarsjogge	Foresee (to)	Rêde	Save (to)
Kaam	Comb	Belibbe	Experienced
Jittik	Vinegar	Seisentweintich	26
Learzen	Boots	Foarm	Form
Heit	Dad/Father	Ôfbylding	Picture
Kryst	Christmas	Swarre	Swear (to)
Iepen	Open	Foarby	Over/Past/Beyond
Hinne	To/Away		

```
V L M G D F F W E J O Q Y D L X X
U A V K W T L A B S K R I N I I M
M U A M R E Q E H B V Y T E E A Q
E N W U G I I Û A J I D J O R W L
O X G E S R D G Â N S V I R S I M
S V R Q D W L W B K F O X T K E R
G T I R A P Y U K O Z J L I O N G
I R D J K A B K H I B Q I S I E C
D L E B E T R P J E Z S S L X N K
F E Y G S G A V I R O B X N D S O
T P I Z Û A O I R L C R W B H E V
B I L I G R F N T Â G I D P D C S
T S X P C A D C R N W D M K A H P
W W F O R A W V O E T I K C Z T R
E E Q L F Z D L C N Y E S U B I C
A O C X E J K A H I P L O F A C O
A P U T H E N E K D N U U G H Y
```

Gâns	Entire	Hûd	Hide/Skin
Garaazje	Garage	Regel	Rule
Ierlân	Ireland	Fleanfjild	Airport
Drûger	Dryer	Sipel	Onion
Hjirtroch	Because of this	Sitroen	Lemon
Iersk	Irish	Foarbyld	Example
Hauk	Hawk	Mar	Lake
Ienensechtich	61		

```
E P B F J F F O A R K E W L U J V
J A J Y U O E G D J Z J T A P E H
L B A I X A K S Y D E M L O O F N
E H O O E R É M I S Y C P K K F Z
T S K A N S E A R J E X A S T R K
E R B P E I R O B R A J R T R E X
B H Z K V C Y N E D U L V U A H M
F D C Z C H Z T G Z Q L N O O R R
Ô A W A P T T F R D W Y H H K E W
K R Û P E I Y E U H E S I M V M I
W A I H J C S C T J Z J V U L E D
U O X D N H T S T Z V I S I C P Z
M I A M S R G N I T S E L E B A E
N E I I N D K L N C R X V J N J E
L R I U Y R P D G U J T U M V I R
W V E X D E I R T L E K I T S C P
V T A V X X V K Z K H U Q N Q U J
```

Skansearje	Damage (to)	Begrutting	Budget
Houtskoal	Charcoal	Stikeltried	Barbed wire
Foarke	Fork	Oerémis	Upset
Suver	Pure	Foarsichtich	Careful
Krûpe	Crawl/Hug (to)	Ôfbetelje	Pay off (to)
Widze	Cradle	Koartkop	Hothead
Leadjitter	Plumber	Belesting	Taxes
Medysk	Medical		

```
P W K F L E N Ê T N A R A K O Y F
J B V J Y H V X W P C G F X R Y Q
T U I O W O Y F T S S J O M G J V
P G Z U G N I N U H I M T Û P Z G
G Q G W X J S T I I N U Y N R R U
O S F E A R O A F N T J E D E E U
A S Z R D B V U K O V K B E E N F
F B E E K S U S N A O K S R H E B
P C J N M F C N V T E A N W N W G
A O Y T S X B Â I T N W R E I J N
O Y E A I K M L K V G I I I Z T T
T B M C C B X S P D Z N E S Q O Y
F E H H H E Y U F C C I T F T D V
A L D T T D A R L T K D K T Ê K Y
A I N I B X K L E L L R N I E S R
K E H C E J G J A A Q B S Y W V T
S D M H R H T X T R W K L C T K Q
```

Sfear	Atmosphere
Karantêne	Quarantine
Sichtber	Visible
Feint	Boyfriend
Belied	Policy
Ruslân	Russia
Jier	Year
Fjouwerentachtich	84
Huning	Honey
Fêst	Fixed
Weak	Weak
Ûnderweis	On the way
Enerzjy	Energy
Skoansuske	Sister-in-law
Faaks	Maybe

```
Q U R T R J V T K S X T M T Z R B
M A P N O E I E P L B H O H N T G
N A R P E J T M I Q J B E A P E Z
R Y B I E Z E M T A S I Z Z E P O
S Q B Y R M O A N N E L J O C H T
S C Y B E E E D Q F F G T E J B V
B O D O U G F R E E A E R U Y M J
K L I A F E D J X U A K M Q Y U O
L T S M O K A T B N M M X H K Q G
Z N J O G G E N E N S A N T I C H
P T B Q Y S N Z D I C F Y Z Z U N
J G W W I D Y I K J Q F B K K S O
X E S E M P I K S N E I M J I W X
T G G M A X X J C D N J W M T W Z
P C R M K R T J B Z E O M D E C D
C J D W S L D K B D P E K R A O K
K F N E N S A F U O R T H I N N E
```

Erfguod	Heritage
Mienskip	Community
Jim	You all
Simmer	Summer
Tasizze	Promise (to)
Ensafuorthinne	And so forth
Njoggenensantich	79
Takomst	Future
Faam	Girlfriend
Nij	New
Weard	Worth
Moanneljocht	Moonlight
Koark	Cork
Biezem	Besom/Broom
Famke	Girl

```
P X Y E J W C Q T O R G O S Q L B
P I C J A U O F J H F F Z T T O D
Y M U B O T I J B E J T X R Q R I
X V Q S J J O O C R O Q P A Q U N
O A F W F R U U M T E J G N Q P F
Q A O C I Z A W F O R Z V G Û W O
F D A C D P I E A A O M W Y F J A
D D R T S N A R L N A R Z Y Q G R
A U S S S F V E N F N A H K D B N
T A T R F Y Q N I A S O C W M F A
Z S E L D E N T M L T T I S N T M
S N D V S S C R M C E S N B W J M
P D Y I X V P I E I K W N G U X E
G L A F R E T T E W K Q I U B Y G
A F W W S V Q I W L E B S A L Q A
M S W U R D A C F N R B S N E P U
B W R A K E I H Z P I I I A A K W
```

Grot	Cave	Hertoanfal	Heart attack
Fjouwerentritich	34	Stoarm	Storm
Selden	Seldom	Wetterfal	Waterfall
Jûn	Evening	Nimme	Take (to)
Foarnamme	First name	Swurd	Sword
Kaai	Key	Fjoeroanstekker	Lighter
Sinnich	Sunny	Strang	Strict
Foarste	First		

```
J D D I D C Y C K W R G R U W D U
F Q C Z O E W C F Q B D I X B K O
T P S S J O G G E Y P G K N G J U
N F V N U V E Z W N J I S K E I N
Q M N A Â W D G Y U I H P H N T F
J Q T S K L E A N A R E R K T R P
T W T H C I S L S B K T H B Z I I
V C J W X V L N D J Z R L E X S H
Z F R D V I N G T H G C K J B C R
I T I E B O K C H O V Q N L N L W
V H Q Y H C H T A R S Q Y Y T V G
L J Q H M C Z S O K C S H M G O D
E K K E N M C A E W G Q N A B N L
V R L G A I E K D X K Q Y F K D I
K E J K N O J R V O I A R W C G J
P I J H U O H A F U V O L A E K F
L H T P Q O B K K M E L S Y N H K
```

Sjogge	See (to)	Jiske	Ash
Karkas	Carcass	Sicht	Sight
Nekke	Neck	Jitris	Once again
Jonkje	Boy	Klean	Clothes
Famylje	Family	Fjild	Field
Hier	Hair	Beheine	Restrict (to)
Lâns	Along	Syn	His
Keal	Bald		

```
P W O V F C N R F T S G Y W L E K
W D Z R J B K V B E G D N E H V T
S M I H O E J V R E F L E K K E N
M F S R U I U I Z P I J R X S G F
J O S R W B S G N O S S L Q S N Y
Z T T V E D H K Y I E N Y S E A K
H N X Z R G D G F W F Q S F Z F B
D E S N E Q N F F K D B I H Ô V T
B R Q T N N O I I Y S H O E R X T
X R V V F S Z L F Z R I R Q B L D
O A G V J K S V W P K E N N E A C
T H I I I Y L Q B P F E R W I Z E
G C N D R Q Z V X V V P N W Q P W
W A X G T C J C E P B I H I E L S
G K F Y I O T G L F W Z R I T H M
D Ô K F C I G H W I C H T I C H B
S A N Y H V A J Z K R R Û M T E P
```

Hiel	Whole	Offisjeel	Official
Fingers	Fingers	Ôfgryslik	Horrible
Kenne	Know (to)	Lekken	Sheet
Fjouwerenfjirtich	44	Sjina	China
Fange	Catch (to)	Harren	Their
Wichtich	Important	Rôze	Pink
Fervje	Paint (to)	Ferwize	Refer (to)
Rûmte	Space		

```
L C N M M Z C B Y R N H H U U L X Y Y F
Q H W Û L G R A C D J K L N X M U F B A
D K S O R W K U F C O H G S W M R Z O K
B G U L G X P L C B G M U X F M Y I Y A
E L U H K Z Y Q K F G V Z H C Z Y N U T
K N K F S U G U K L E L V P J U W M Q U
N X Q H S K Z R B L N K E G P P D V P E
Q K P Y C Z K E Y T E P L Q Z J G F T R
F V W R P O I V H D N B D Y C K U Z L E
K A U N Y D E K R G N O Q K X S W J W V
E O U D E K J S T F J E T L W I U V Q G
W J X S S C G T Q O O I K E B L F Y N Z
Z Z K F S I I J R G G Y S A Y N O C G Y
Y L E N A P D O M E G F S R K E N Q G Z
I F N M L S L E G G E O Z U R B R O J C
P P W O K X U R O W N T S N U E K J I K
Q I X T R H K E M A T J M G Z Q P V P L
O X Q F F P S F Z Q I W P L S T I M M E
D C P D Q N E H Q V C P K Y Y N X X K W
Q N W K R Q B V P T H M O A N N E K H M
```

Friesian	English	Friesian	English
Kij	Cows	Moanne	Moon
Fakatuere	Job opening	Goes	Goose
Beskuldigje	Blame (to)	Keunst	Art
Stimme	Vote (to)	Ryk	Rich
Rûn	Round	Klasse	Class
Klear	Done	Njoggenennjoggentich	99
Stjoer	Steering wheel	Suvel	Diary
Beide	Both		

```
S U U W Ê Z E N O U Z A Y D N Q O R
R K A R H H V R I P Y D J S V W B K
Y W X H S G R R R G X G Z O C B M Y
F H M X S T M P R A H H K I L K A G
H E R U Z W I Y I C M L L R A F E
X R V N X U K E N I M S A P W P K Z
S I T P Â R D I N Q T I V B I Z H N
S M N E H R V W E E A I V T R A O K
I C H K C L B O X L N W B Q D L S D
F T R E X X R E K S K S E Z R C M D
D F E R V S X N N Y J A A Z R U K T
L O F S Y N X Z V N E O F N D C U M
T A A X W X U D E M I N Q S T K P O
Q R K O A I S U S H B S R R M I I O
M I P F I N E R Q A H W O S A P C A
A G V G P G Z R E G H A A X N J U H
S E X L G T K F W N G R S E R S H G
C I M G R D E O K J J T U M E Z E V
```

Wêzen	Creature	Swart	Black
Roas	Rose	Foarige	Previous
Tankje	Thank (to)	Swier	Heavy
Koai	Cage	Noaswiis	Stubborn
Rinne	Walk/Run (to)	Fine	Find (to)
Sinnebrân	Sunscreen	Kiel	Throat
Koart	Short	Ienensantich	71
Smarre	Smear/Put on (to)		

```
P I K S N E T T I W F W M P T X H D
J U G N R V G H A R U P K M A C M E
D P F M B A X X Q Q Q T N I U C Z J
G A A R E T V K S R K J E G K Y G
O W P P S R M H I Y O T A N N I D I
R L L W K I U V D M Y F Q I Y Y T D
U G X U R J L T M D E C P N I O X R
P C N Q E E G E S C E E T G P K I A
S L K P A N I W N S K O A R S K J E
N S A C U T T Q F U N A A H S S D F
I L K L N W Z F N M K Y U O L E B T
S Y W O E E S T R A O K L N S N R H
K J B V A I F W Y A V Q V C K R Z C
O O F G K N H E T M A B T J O A D O
E V E G Z T L J U X G L D Y A E H J
C W D P U I T F F W W S T S R N K R
H V M E O C J O F B X D B D C G N U
Z E J Q I H S K X V Y R H Q T R I C
```

Koarts	Fever
Rjochtfeardigje	Justify (to)
Skoar	Steep
Beskreaun	Described
Miening	Opinion
Wittenskip	Science
Knipe	Pinch (to)
Skoarskje	Cherish (to)
Hielal	Universe
Skoan	Very good
Komme	Come (to)
Skoech	Shoe
Trijentweintich	23
Kofje	Coffee
Nearne	Nowhere

```
Y F N V B A R Z P A T P A C M J S Y
U T E F K R E K T S J F W Y N F I N
D F E E W T K D A S V D D B M O I V
M X F E H J E E P H Q C O B Y T R I
H C K M T C R S N M I R J L I P G W
D P E D L K I V U O B U X H V K A N
R O I Z K J N T M S Q I C F C O W D
V Y S M O A R C H F T O J B G E C Z
V L P L I J M R Q C J E Y I T L S Y
U H E J R D H C G S A Z N T D C J J
Y O G Q O L R G N F S T E O Û N C Y
T D E N J B D Û X M I R N N N O R U
E Z L J K E N E P S E R G E S B Y I
B B E H E L J E N Z V R G Y J E T A
Z E K W Q H Q H Ê Y Y U L H E I H E
G F S L V F Y L S H U T I E T I R K
K P M E R K E W G Z M C W R Z I F T
P L Z G A C E I G F Q X I X D T A A
```

Behelje	Obtain (to)	Wetter	Water
Kreas	Pretty	Merke	Market
Lêze	Read (to)	Spegel	Mirror
Ûnsjoch	Ugly	Trijentachtich	83
Krekt	Just now/Precisely	Smoarch	Dirty
Dûnsje	Dance (to)	Grif	Sure
Griis	Grey/Gray	Neefke	Mosquito
Krite	Area		

```
Y H J T D Q G T K K A S N S R L Y P
C O K I R J P Q A W M Y W Z C N T M
G Z T Q W E E R E A K K K R Ú S O B
J I R K R Y T K B C L H A T M R M Y
O J I K M E I T S J E E S Q M E S Q
N I J R G W M J I T E L Û K B O U G
M J E V D M O H E S I J N K W T N D
A W N O X W E T N M R E Z Q L R H F
H A S Y J R R U P L Q A Z P O E S N
F F E U G P J Y L T Y M O C J O Â H
K X C H R K E H R A A V K F Y J T V
T O H M H U F R V H N V K V I F L L
H Q T W M W T P T V O G L F J K T C
X E I Y A O E P W X H S P Q W R F N
C I C P C E B F M B Z C Q M I Ô X S
C C H F D D M W V X K S P E A K K K
V W I R E H X H U L D U B N Z J Z F
J I O N W H H K Y K F Z S J X E Z F
```

Krôkje	Belch (to)		Fjoertoer	Lighthouse
Fijân	Foe/Enemy		Kûle	Pit/Hole
Lang	Long		Sykhelje	Breathe (to)
Taal	Language		Trijensechtich	63
Krús	Cross		Kryt	Chalk
Oerjefte	Surrender		Speak	Spoke
Foarsitter	Chairman		Wike	Week
Meitsje	Make (to)			

```
N N P Y C R R K B Y R B U W Q Q L I
V B E S C F E W C L T W Z C H V Q C
Y P N R E U A Z E D L Y L S M L G I
U Y J Q B W P J E C C F X A K S A H
L Y S Z K E G K V I V J A E R Y Q D
Z Z R R J A Q E U M R V V W A Q O P
T Y W K E F S X J S U F U K M F A Q
C P S W D Z T K O L K U I J M T L C
Y I J R E J I W C N O A S D E L J C
W A U O W R I H N L C U O E L Y E M
T P Z Q I M F F Q U X I K B E N F J
N S K V X J D U F L E G Û K M K A X
P D I P N O E R W Â L D G E I G N K
F E E Q I E A O I O D F A R U X T X
R L H C I T I R T N E N E G G O J N
C D S M M J Z S A Z H Y G A S N H R
Q N E G A E L E L Y L X T E V V O N
E P M A L K N Y E B J C W O A J T O
```

Kuolje	*Cool (to)*	Wiskje	*Delete (to)*
Oerwâld	*Jungle*	Rivier	*River*
Stiif	*Stiff*	Krammele	*Yikes*
Kwea	*Evil*	Friezer	*Freezer*
Leagen	*Lie*	Njoggenentritich	*39*
Kwyt	*Lost*	Kûgel	*Bullet*
Oaljefant	*Elephant*	Weagje	*Dare (to)*
Lampe	*Lamp*		

```
F O K S R T W D M D F K V I X P Z G
V B T D Z F H Z Z G P Q E H J S R C
F K B E K K E T S U L D L A F R E O
K V G G A G Q S K Y D C L U H F C D
T R X U B K O K M I S S T R C I T G
P Z I G K O O O M J E E Z J I G J X
V O R Z O T A A T J R H U O T B R I
F L I B A C T R N L E A F C H B T V
J P L K R A L E I H Q Y M H C S W Z
F E P C S L V K T V H T G T A K B B
R N E I T S N R H V F Z Z X T O M Y
V Y D Q E O Q Ê X S W P S F N W M D
N V R H H M H F R L V D M L E H X W
F L R K L K R T E Â E X R G N N R Q
N J E V S Z Z E T N Y I Q W E N L Y
P N I K S N A A P S S Y X Q I D C O
E G L E R E I H M A X C W N P E P R
R D K Q B A M W C N E E F C W Y L S
```

Stien	Stone		Rjocht	Right
Winsk	Wish		Krêft	Power
Ienentachtich	81		Spaansk	Spanish
Lân	Country/Land		Oerfal	Robbery
Hiere	Hire (to)		Koarste	Crust
Skoare	Score		Stekke	Stab (to)
Leaf	Sweet/Kind		Uterlik	Appearance
Middei	Midday			

```
Q L O H Z N J H Q Q W G U W M T K D
W W K Q I T R B Y L N Y K J H H M M
X K T N Z E J H F X D M O T C D M S
D L M K K K F T K Y A Q A E I V L A
Q W A S A Y O U T E L C E T T S E S
B K A O E R E A X P H L B A R D F X
S M J I R K J E D T O F G O I G O C
I T T V Z O V O I E K X Q Q J B N P
I Y I R Y Z N C N Z Y Z M Q F J F P
N S G M O I H E N Y S F Z K N E X L
F K V W M Z D X F Q R W H M E A E J
K R U W R E O J F M E V Z Y J H Q C
S I O U O C Q W R N D G E E I P X F
I U J M F O F H Q F N H U R R A L V
P J R O Z J H A A P Û G C T T M V L
L E J H C R A A B L E K I T S Z R A
F L H E D A O R K R Û M T L F G D U
X X H D K A X Z X I D U A X F C T Q
```

Fjoerwurk	Fireworks
Ûndersyk	Research
Krûm	Crooked
Masker	Mask
Leech	Low/Empty
Smjirkje	Spill (to)
Niis	Just now
Koade	Code
Stikelbaarch	Hedgehog
Tachtich	80
Oere	Hour
Stim	Voice
Trijenfjirtich	43
Kroade	Wheelbarrow
Fermoeden	Suspicion

```
A D Q S H B O H P Z Z E W S M E L C
Q L W F L F T L F L J Y S F V F F S
B K O N Y M S W I E R H E I D M G D
J U Y T I K P A E W S E D G V G J A
K O D L C S B E K V C B F E W N W K
E R H Z S R K Q I U C K A T O T E Y
J K U M Y T F A P L P F E H B S X Q
S E E K Z G X I F C S S L T N H O I
T M Z Z Y T V J K C D M I D A E P A
I L P E R P I N I L S I Û D H R D Z
A T Y Q I K H T Q V D M E L O R C I
L X A L B Y B B W N Z C Y G O W E
D J T I P A R N U Y L E U A A U M N
C T Z Y C E Y R D H I D Q O D M Z P
T R J Q M M D N R A B M B T M D J Y
Q N K C E A U J O V B V P X H V B E
G O G M Z Z U L J Y E M W H H Y R E
J O B P F K O L O A N J E G M V E L
```

Kuorke — *Little basket*

Libben — *Life*

Faksin — *Vaccine*

Dûmny — *Pastor*

Mem — *Mom/Mother*

Tiidwurd — *Verb*

Bryk — *Crooked*

Laitsje — *Laugh (to)*

Sliep — *Sleep*

Wierheid — *Truth*

Slyk — *Sludge*

Leafde — *Love*

Smel — *Narrow*

Muorre — *Wall*

Koloanje — *Colony*

```
J D D V X D K Q G K R J Y U Q H O F
H P R J F M K F Q L E V E R I · J A Q
S J Ô H W R V X H J D N P W D E O B
N N V I B Z P T Z A N S E M W K Q O
N S I T E U E F U B I S Q U K Ô X J
X M C H G E T Y H V M T A Q H G S G
O N H C J S O M T I D E N S E J S D
E N J O Q J F P C E L B K J M E Y P
S Y K J E R H E I K A S G N M L I F
Y N N L F T O F N I W Ô P N A D U Z
G B U P A X K C F S K U E K N U Q Q
V C L O L L I M J S Y D B B V J Q S
U H U T L C O G E G E L O U U Z F G
U R C S E O C B W R A X N G K S L K
U I H G G W T U F P B Y E E F Y Y R
U U T L A G E E P S I N J A A L Q K
W X I N T V T N J R H C T E I W Q F
K K S G T D P H Q G W T I C N A T U
```

Mooglik Possible		**Sinjaal** Signal	
Sykje Search/Seek (to)		**Lever** Liver	
Drôvich Sad		**Minder** Less	
Leauwe Believe (to)		**Falle** Fall (to)	
Tefreden Satisfied		**Somtiden** Sometimes	
Stopljocht Traffic light		**Beskôgje** Consider (to)	
Lucht Air		**Kôgje** Chew (to)	
Namme Name			

```
Y R L H B Z N D X E V L A S G R W J
L Y B U O E J Z F J O U W E R M O T
Q P R M O B I K N E B I I W G Z A L
C C B D Z M A Z J S P T N F M B U F
G I P P C J L K C J V A A H I L U Q
B X M D T Y S M H P T F Q Y E O G Z
L K C D N A O N L O R A T S N B B Q
H O Y V W H V Q E S S L N W E N P U
O F G C D O W R H J T B Y D D B O N
J O O I C V V R I L A J S T E L L E
S B I I E X M P W A T V M G Y X F K
A U R U B D P K M T A O I T D H O K
E M B F Y E S O L X W N I X U A M I
L D M K F G W I A H V A D R R C J T
J X P L T N I M I J L E F D Y Y C S
U V M A N O E W D T N A E Z Y C D V
V C H W C J T W L Y V R M W G U V N
R R N E L S M E O P Z F E O V M S D
```

Sjippe	Soap	Miene	Mean (to)
Natoer	Nature	Swiet	Sweet
Oarder	Order	Waskje	Wash (to)
Sjonge	Sing (to)	Stikken	Broken
Man	Man	Fjouwer	4
Stelle	Steal (to)	Oan	On
Tiisdei	Tuesday	Tafal	Coincidence
Salve	Salve/Ointment		

```
E F K H B S T O F D A E V A F B N P
Y Z S K L Q S Q F R Y Q O L E H O T
E E J R E I U K K M D C O G G B R I
T Z W K A G H E E R R Z I X Z Z M I
K C C I T K G I T U T D U N U J F D
Y R G Q E G E E A I J E T D K X Z N
S U H X F B G V I E M R C P M F P T
L Z R G F E J A E K Q S K F B D U N
F P U E A I B P P H T I R A A S K V
C X Q R R V P M Y R W R E E K Y B
W X R T T U X J O V D O W Z J N E T
T E N E S C H X S O F M U Z T B W O
N G T E Q J F X H J Y W N E O N D B
W T D Y E J Y T R H N S B L Q R C D
C S C X K D B G O E M E V V T Q O J
H N P I Q R L X Z H K T U I V O M O
Q S Y M Y M G F N D F S B C O Z D B
X U O M O A R D E W U I L B R E F T
```

Bleat	Naked	Kuierje	Walk (to)
Tebek	Going back	Smite	Throw (to)
Straffe	Punish (to)	Tee	Tea
Sompe	Soaked	Moard	Murder
Mei	With	Tegearre	Together
Sykte	Sickness	Ferbliuwe	Stay (to)
Net	Not	Stof	Dust
Tiid	Time		

```
D C W S F Y C P M R N B X V K J F D
L P V I T L T I C H T P L I C H T M
Y R O R A M C H A X U M Z G N N O J
K I J R C H V O D P N D J E A A V F
H A F O O O Q D D Q Z K O R Q U X
N S S B C L L F W F C K J N I C N Q
Q P S A J H G Y D Y O W L S M J V J
S P I A N K T F V S A L I P U E O G
E C I J R E Y T I E J N A P S X G Z
N Y C U J T N L R J S E Â L M I A L
H H I W K R I S I O L R K R A V A Q
M M B S U C J G E N C H A Z T L J H
F I T N F Y T N E C E H D E M S Y A
B C E W H U T E G R H C K Ú K K V U
V Y M L L Y Y X K C M T K O D E M X
Z F W U Y K S U F W Û W I G C L J W
R L A C P M W D S I S T D C Z T I V
Z C H X X C T E Q X T P G A H C J K
```

Mich	Fly	Sokken	Socks
Rjochttroch	Straight ahead	Dúdlik	Clear
Oant	Till	Mûs	Mouse
Miel	Meal	Kears	Candle
Tiger	Tiger	Spanje	Spain
Strân	Beach	Moarn	Tomorrow
Sanensechtich	67	Tichtplicht	Lockdown
Line	Line		

```
F S Y G L V U G R C U D F B X J V K
H V C L U W D R Û C H B Û M E W S U
V Z U R A W I M S N Q X E K B O W D
W C E U A N Û Ô F B R E K K E B Q L
E Z J H S L R W M B D R R R B R Q F
G U S O E P A R L I E G S Q M W L P
X H T C W X K J I S F T O O E R L V
W L E J U J V K K D O R A A L M Q R
Q B O Q I O Q R A F Q I C V H X D N
K Q M B R G I J P J F J M V K E O L
M A F B T F X O M I L E J R A N O W
B T Y T T L A B F S N N T I W S D A
H B I V R N Y L K R I T C U G J X E
A L V P O D W A S V U R H X U Y J G
T G Û D U G M V Y K C I N B D D U L
M W K D F J L O F I N T J H P X G Q
Y E P O E U O P G C N C U I K U D R
I K D E Z N O L P V P H V K E C Y W
```

Fuorttriuwe	Push away (to)	Swit	Sweat
Moetsje	Meet (to)	Drûch	Dry
Lûd	Loud	Narje	Annoy (to)
Trijentritch	33	Ôfbrekke	Break off
Soerstof	Oxygen	Skrift	Notebook
Falsk	False	Oer	Over
Mûle	Mouth	Dûke	Dive (to)
Skamje	Shame (to)		

```
X S E R R E J T S A K S V W W B W X
B P E K A E E I B C E C I C M Z A T
X A I R Y K H P O K L H R T G T Q T
L A U J K N H A M B R B L A Z E C G
A L X U S R N H M Y T X H Z Y D L Q
A X R I V S H J J M I N G E I N L L
J D H J E D R N U R O O U C A J Z U
S L L T E R E R A E K A P I K X T S
E S T P O X W U M S Z G T O Q B R K
P E H S E I S E N S E C H T I C H A
S W Q L E J L A A R T S U A E D K T
O R F F E J P Q J N P V M M U G J H
C L E S G M C B X P J O P N N N J M
L M O G O Z L D K T G K N E T I Y H
A N T L N D H B D I N V D G X W X P
C B K J E O E Q K H V I Z U E G Y P
A E U E S S J T S O C V N D H T A V
P Y K L O G R S M H K J K L Y J I T
```

Seisensechtich	66	Spesjaal	Special
Moatte	Must	Drukke	Push (to)
Keare	Turn (to)	Oansette	Turn on (to)
Stjerre	Die (to)	Sjonger	Singer
Molke	Milk	Ponge	Wallet
Blaze	Blow (to)	Austraalje	Australia
Nedich	Need	Minge	Mix (to)
Skat	Treasure		

```
R P X S M O M G N I T T E S L E D R
Y X W G Z G P N P S Z T C V V A H H
W Y L Z E N A E G R E D N Û A N G C
N X P F M E C B O Y F Ú R D N Q L M
K J X V N G J M T O O A X I L S F B
Q Q U K E W Z J I E V J E N E R E I
S G V A U A Q X K V M D Y V A G C Q
Y A C Q S M E N G V S J A E A P D J
M K N U G Û I N W N R K E L N F A D
B D U W J T U E A L O R E Q X W A I
O T D A N S X O P W Y M K A H B K F
A G G Y X E W C C P S K F B X S S B
L A S B R M Z Z M R Z A E O A M Y F
R G Z Y R E C Y B T H C I T U U X V
R K I Z E U A C W Q O W U R T W R B
I T Q M B I R A E V O W E H F I Y A
R H O E V P S U W D T J A X O W J X
K I G T R I J E N S A N T I C H M S
```

Drúf	Grape	Skea	Damage
Tichtby	Nearby	Trijensantich	73
Mûtse	Beanie	Swyn	Swine
Symboal	Symbol	Woansdei	Wednesday
Ieren	Veins	Yntinke	Imagine (to)
Delsetting	Settlement	Skaad	Shade
Ryp	Ripe	Ûndergean	Undergo
Sjitte	Shoot (to)		

```
T E R T U M S N P N X N L U S Z Y T
D A B D B E M S P H C E H W T L M A
L D X L C U F X E E H P I Z X F N Y
E P J I G S Z Y T I S Â N G L Ê S F
J L L E C J J M E J I Q B C Y I Z Y
P I N N G J D I A L H C I T N A S S
S C L S W N I J R M R N K I N B L Y
H Z K M U O I K E G E J S C J X I U
Z E H P K D T W T S Y D Y D R Y E A
L U C F L N I U T X A J H G G M P D
Y U I W D I A K W L G O C X T W K I
V M T L W X M O Z F Z G I U A U E O
I C N H U B U Ê V N V P T H O Y A T
P G I O P E H P S W W H T D B K M Y
V U E S V C N O A S B G A I K Z E V
M P W L Q P J M V F C T K B Û H R R
U G T F O L I M G F D Q S G D M H D
S B Z E A L E M X R C S B C X M N S
```

Sânglês	Hourglass	Tweintich	20
Muoike	Aunt	Santich	70
Skattich	Cute	Maitiid	Spring
Twinge	Force (to)	Spjeld	Pin
Mês	Knife	Noas	Nose
Neil	Nail	Petear	Talk
Sliepkeamer	Bedroom	Dûkboat	Submarine
Loft	Sky		

```
L L N E V M R B G U W K O C H G H F
S R A P G P A T F E Y O B W H C P F
Z H Y Q W L L X R R M I H T I I F N
S N I H Â P N O N O D F M T I L N V
P S O N E X M E K J I Q R F L O O K
T T S A B J T T I N X I E K K H L L
J X R P A S X T Z W J N S U N T L B
Y W Q A A M O E O F N A J N Y I K G
Q A N E W C N J N J O E R Â B F E D
M F W P O I P E J R K D F B R A G D
I Y F L S Z N H T A C G E M I R I S
O D N O G E P G V I K N W R J T T Y
G Z N S G V Q M X T S S P A R J E D
F U E G T L Â S E W R H L E B P O T
E H O X F I E D I N N K W G K P J Q
V J B E P D N Z A I I I K N M Y Z H
N C B I P B E K P L D B W A H R G K
E V S K U O R W T Q T A N E K A E B
```

Finzenis	*Prison*	Tige	*Very*
Balâns	*Balance*	Weromjaan	*Give back (to)*
Eastenryk	*Austria*	Earmbân	*Bracelet*
Sâlt	*Salt*	Skuor	*Tear*
Libbenswize	*Way of life*	Beaken	*Beacon*
Ynstinkt	*Instinct*	Njoer	*Grumpy*
Sparje	*Save up (to)*	Ien	*1*
Njoggenenfjirtich	*49*		

```
E  A  R  J  U  S  T  E  R  N  D  Q  I  U  M  V  W  T
S  W  B  H  H  P  B  Q  C  D  J  S  S  E  P  B  I  I
R  B  R  U  T  E  W  U  I  R  W  A  J  S  Q  C  E  U
E  B  I  U  T  H  W  X  E  J  N  L  I  J  H  L  S  N
S  B  M  S  Z  Q  L  B  I  T  E  Y  G  T  D  Z  C  F
L  L  Q  R  O  Q  L  D  J  F  R  J  R  J  T  S  D  A
I  C  D  O  M  Q  F  I  I  Z  M  S  L  I  J  E  A  P
A  L  C  Q  S  H  N  R  S  Z  S  H  A  N  J  T  X  L
I  O  I  S  X  S  R  Y  H  S  K  O  W  E  P  I  O  U
K  K  T  E  L  E  F  Y  Z  J  E  W  M  Z  R  W  W  S
O  S  A  N  F  T  E  K  D  B  P  M  W  Z  L  Z  E  K
A  C  H  E  N  Y  L  T  R  A  O  K  G  K  M  A  Y  O
Q  M  P  I  Ú  P  P  Q  P  K  C  K  Z  Z  R  V  Z  F
A  Z  Y  L  T  C  S  W  M  N  N  E  R  R  A  B  Q  C
B  Z  I  Y  M  D  B  O  E  Y  G  P  T  M  B  H  G  H
W  H  C  I  T  I  R  T  N  E  N  A  S  Q  K  Q  O  T
G  T  A  N  A  E  R  S  T  Q  K  M  V  X  C  E  U  U
O  Q  E  Y  W  M  K  I  U  C  B  M  T  Q  S  K  N  D
```

Liene	Borrow (to)	Skol	Shallow
Ticht	Closed/Shut	Weromkomme	Come back (to)
Nút	Nut	Sanentritich	37
Wriuwe	Rub (to)	Koartlyn	Recently
Santjin	17	Ferrifelje	Deceive (to)
Barren	Event	Skowe	Shove (to)
Earjuster	Day before yesterday	Telefyzje	Television
Sear	Sore		

```
O G C R P L A E P L Y M N W N H K I
A I N Y Y D K G V F N E W F O W P E
R E O Q U G S M N B T A N N C E U T
S F D X K N K D Q I M R Q O H D Z O
E N D N D I T U S N Û B A B F A O O
R R A T I L S N B B N Y K Y I L F H
B Z X W C M R P V W D A Z G Z H I X
Q I D K T A G L P S E P E R I K B K
A Z L N O S T G F V R B E R G U E T
P X I M T F O K S Z F B E T O C H T
W G R B K R B Y U H I O L N H M Z Y
T A H C I T H C A T N E N A S Q V V
J L S L E S Y D B L I M J E V Y T Z
U B A D F K F N T P N W M B C P A X
W Z S F I Y Q H W S G I E Q I W H M
C D T B F Z F U T I T U R W F L N R
B Y J K U Ô W K O K P W A R B E R G
A P O B R E D E I L C U E U Z M O T
```

Mylpeal	Milestone	Sanentachtich	87
Libje	Live (to)	Ûnderfining	Experience
Samling	Collection	Betocht	Camp up with
Noch	Yet	Noflik	Nice
Skoft	Break	Ôffal	Thrash
Warber	Active	Moarnsiten	Breakfast
Oarser	Different	Lieder	Leader
Dysels	Yourself		

```
U Ú S Ú L K J S V H L A Z M F Z H D
F Z X W E I A R P Z B R T Y M X T A
A E V R S T R C G H N B E O G O U L
T X T R E T T J I N V A R J O Y M A
Z A N C J Z T W A E N T R I T I C H
Z G Y B F A W Z R E V U N V Y S U G
H L E X U Y B L N R N X G G X Q Q L
S M V T H H U I D Y S Z Z K M B K B
T U Q R W L T I T D E N S Û Q Q G G V
E S Y R Z B B C U L T M I M R A A W
P F U O R T S T J O E R E M N G Z K
P V M E P L A D I T B C W T W K Q L
I X J K E K E G M I A I P T Y J L I
M D K D O W Z N W V R Q C Y D E E L
S V R O U A L B E G E A R I C H W U
G A R V K J M C F U M W T Z H K D V
O V W L Â W T R O A L J E M L O A X
D P G I T M H L W M R D F E Z Z I L
```

Tidens	During	Wâl	Shore
Nuver	Weird	Klús	Safe
Oalje	Oil	Lilk	Angry
Stjer	Star	Waarm	Warm
Albegearich	Greedy	Trettjin	13
Temûk	Secretive	Lizze	Lie (to)
Oardel	One and a half	Fuortstjoere	Send away (to)
Twaentritich	32		

What can you do to help the Frisian language?

As you know, the Frisian language has been put aside for a long time and has trouble surviving. You are already helping the Frisian language by learning it, which is appreciated by the Frisian people. But would you like to do more for the Frisian language?

Then we would like to ask you to leave a review on the website you bought this book from. We're not asking for a long story or a 'fake' review. The thing we're asking for is an honest review. We can use all the feedback you give us to keep improving our books and even our websites. This can really make the difference for the Frisian language.

Other Frisian resources that might be helpful to help the Frisian language.

www.fryskewrald.frl, this is a Frisian-English online browser game to learn Frisian while having fun. In the game you'll be a Frisian king and you can take over settlements while competing with other Frisian learners.

www.learnfrisian.com, is the place to learn Frisian. You have the opportunity to learn Frisian in English and Dutch. Old Frisian in Modern Frisian. Solring (North Frisian) in English & Sater Frisian in German and Frisian.

www.frisianwordbook.com, this website has thousands of Frisian words with audio files.

Coupon code for the online Frisian browser game

This coupon code gives you 50x free Magic Stones on the online Frisian browser game that you can find on
www.defryskewrald.frl.

This game is built around the idea to learn Frisian while having fun.

By spending these stones you'll have access to premium features.
Claim your stones now by using this code:

7589046782547897345

*Redeem the code on the bottom of the overview page on www.defryskewrald.frl.
You need to be logged in to use the code.

Frisian Books

500 Frisian Verbs

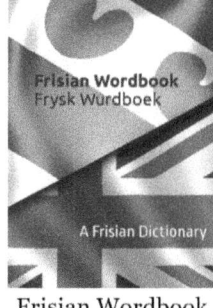
Frisian Wordbook

Learn it yourself

700 Frisian Phrases

̃nderstanding Frisian

250 odd, Uknown & Interesting Frisian Words

All these books are available on your Amazon!